期权隐含信息与投资组合优化

余 湄 李志勇 汪寿阳 著

科学出版社
北京

内 容 简 介

期权价格中隐含重要的金融市场信息，对隐含信息的挖掘可用于投资决策和风险管理等领域。本书主要以上证 50ETF 为研究对象，研究期权隐含信息对资产收益率的预测问题，并给出期权隐含信息、收益率预测和投资组合选择的分析框架。本书的研究对当下我国金融市场的发展有一定的启发和参考价值，同时为市场投资者和监管层更清晰地理解期权市场提供一个新的思路。

本书适合作为高等院校开设金融衍生品相关课程的教学参考书，也可以作为对衍生品有兴趣并期望能够深刻理解期权风险管理的理论工作者与实际工作者的研究参考书。

图书在版编目（CIP）数据

期权隐含信息与投资组合优化 / 余湄，李志勇，汪寿阳著. —北京：科学出版社，2022.2

ISBN 978-7-03-071484-8

Ⅰ. ①期… Ⅱ. ①余… ②李… ③汪… Ⅲ. ①期权定价-研究 Ⅳ. ①F830.95

中国版本图书馆 CIP 数据核字（2022）第 027541 号

责任编辑：杭 玫 / 责任校对：王丹妮
责任印制：张 伟 / 封面设计：有道设计

斜 学 虫 版 社 出版
北京东黄城根北街 16 号
邮政编码：100717
http://www.sciencep.com

北京虎彩文化传播有限公司 印刷
科学出版社发行 各地新华书店经销

*

2022 年 2 月第 一 版 开本：720×1000 B5
2022 年 11 月第二次印刷 印张：10 1/4
字数：210 000
定价：115.00 元
（如有印装质量问题，我社负责调换）

前 言

近年来,随着我国金融市场创新的步伐不断加快,金融机构对于精细化风险管理工具的需求大幅增加。各类衍生产品得到快速发展,产品类型不断丰富,规模持续增加。其中,作为国内证券市场上第一只场内期权产品,上证 50ETF 期权于 2015 年 2 月 9 日在上海证券交易所正式上市交易,开启我国资本市场的期权时代,也标志着我国已经具有完整的衍生品类型。根据《2019 上海证券交易所股票期权市场发展报告》,2019 年全年上证 50ETF 期权合约累计成交 6.18 亿张,日均成交 253.29 万张,年末持仓 379.14 万张,日均持仓 342.00 万张。目前上证 50ETF 期权已经成为全世界成交量最大的期权之一。这一方面反映了上证 50ETF 期权已成为投资者进行风险管理的重要工具;另一方面也折射出目前可供投资者选择的套期保值工具比较单一的尴尬局面。上证 50ETF 指数中金融股的权重较高,对股票市场覆盖面有限,无法完全满足投资者多样化的风险管理需求,故中国证券监督管理委员会于 2019 年 11 月 8 日宣布正式启动扩大股票股指期权的试点工作,批准上海证券交易所、深圳证券交易所于 2019 年 12 月 23 日上市沪深 300ETF 期权,中国金融期货交易所上市沪深 300 股指期权。投资者可以借助期权交易灵活地调整投资组合的风险收益结构。期权可以在不同投资者之间进行风险转移和分担,同时投资者也可以通过卖出期权提高收益。随着期权标的的不断丰富,期权市场将更好地发挥风险管理的功能,更大程度地满足投资者日益增长的风险对冲需求。

随着中国证券市场进行一系列制度性改革,如科创板的设立、退市制度的完善,市场主体在股票定价中发挥着越来越关键的作用,期权已经成为投资者风险对冲和增强收益的重要手段。期权市场直接表达投资者对未来市场走势的观点,有助于市场价格发现功能的发挥,并遏制过度的投机炒作。随着国内期权品种和成交量的增加,不同风险偏好的投资者进入期权市场,市场充分博弈形成的价格信息具有一定的信息含量。作为多层次资本市场的重要组成部分,期权作为风险管理工具,未来会在吸引长期资金入市、推动资本市场对外开放、健全资本市场风险管理体系及深化资本市场改革创新中发挥越来越大的作用①。

虽然我国期权市场已经初具规模，业务类型、功能定位和监管体系基本成型，但相对于欧美成熟市场，国内证券市场具有以下特征，如散户投资者在现货市场贡献大部分的交易量，转融通限制形成的卖空约束，在上市以核准制为主的背景下，上市公司具有最低的壳价值，此外还包括为了抑制股票剧烈波动的涨跌停板制度等。在这些特征下，期权市场隐含的信息和成熟市场究竟有什么差别？依照 Garleanu 等（2009）的观点，投资者需求在期权定价中发挥着重要作用，其可以解释高估的期权价格和偏度特征。中国市场投资者对期权交易的需求则反映在多个方面。对于风险偏好高的投资者，期权提供廉价的杠杆，其可以根据对市场方向的判断进行高杠杆交易。相对于融资加杠杆的方式，期权交易更加灵活。此外，A 股市场广泛存在着卖空限制，融券交易的成本较高，利用期权组合可以低成本地合成空头仓位（即买入看跌期权，同时卖出同一行权价的看涨期权），故拥有更多信息，特别是内部消息的投资者会倾向于在期权市场进行交易。基于上述特征，期权市场相对于现货市场，汇集更多高质量的信息集。那么，期权市场的信息集反映到期权价格上，这些信息能否帮助我们预测未来的收益率和波动率，并改善投资组合选择？这是本书关注的一个核心问题。

芝加哥期权交易所（Chicago Board Options Exchange，CBOE）于 1993 年推出 VIX（volatility index，波动率）指数，从此业界对期权隐含信息开始关注。随着理论研究的发展，我们可以不依赖任何模型和假设，直接从期权价格中提取未来收益率的分布，因此投资者应该重视期权隐含信息的预测能力。

本书针对中国快速发展的期权市场，结合期权合约的特点，研究期权隐含信息对资产收益率的预测问题。然后，结合国内外学者们的研究结论，提出期权隐含信息、收益率预测和投资组合选择的分析框架。我们将首次研究如何应用国内期权价格的隐含信息进行资产配置，以规避全球经济不确定性激增带来的投资风险。本书着重聚焦于上证 50ETF 期权的若干问题，首先针对上证 50ETF 期权的隐含信息的收益率预测能力进行分析，其次考察期权隐含信息对投资组合选择的影响。注意到在实际的应用中，投资者只能依靠历史数据来估计资产的期望收益和协方差矩阵，因此均值-方差模型（mean-variance model，M-V 模型）的实用价值受到极大的约束。所以本书进一步构建利用期权隐含信息进行投资组合管理的分析框架，这些问题的系统研究对我国金融衍生产品的合理定价与风险管理、多元化投资决策及多层次资本市场的健康发展具有重要的理论和实际应用价值，也为实际决策部门提供科学参考。

---

① 参考2019上海证券交易所股票期权市场发展报告. http://www.sse.com.cn/aboutus/mediacenter/hotandd/c/4990768.pdf。

在国外关于成熟市场的研究中,一个研究上的共识是短期收益率很难预测,而长期收益率可以被预测。由于国内期权交易的样本期间较短,我们的研究集中在短期收益率预测上。由于国内期权市场以机构投资者和高净值个体投资者为主,他们在期权市场交易形成的价格预期在很大程度上影响未来市场的走势。短期收益率预测可以帮助投资者进行更积极的市场择时,规避市场的极端情况,获得更好的投资表现。

此外,我们还利用期权的隐含信息改善传统投资组合模型对协方差矩阵的估计,进而改善投资组合的表现。我们构建的投资组合资产类别包括上证 50ETF 及全球交易的 ETF 产品(如标准普尔 500 指数、原油、黄金等)。我们从 ETF 对应的期权中推测出改善协方差估计的有效信息,进行投资组合管理。利用期权市场的信息优化投资组合,是改善投资绩效时非常重要的一个方向。

由于 A 股股票市场在历史上经常存在暴涨暴跌,市场的监管层跟踪市场预期的指标相对滞后。在传统的股票指数之外,监管者可以基于期权隐含信息,如波动率、期权隐含偏度,跟踪市场状态,制定恰当的监管策略,引导市场预期。同时,在市场出现大幅波动时,期权由于含有前瞻信息,可以作为有效的风险对冲工具,并提前预警金融风险的发生。

总而言之,本书的研究对当下我国金融市场的发展有一定的启发和参考价值。期权价格中隐含重要的金融市场信息,对隐含信息的挖掘可以用于投资决策和风险管理等领域。以期权隐含方差、隐含偏度为代表的隐含信息对未来市场短期收益率有着较好的预测能力,并且能够捕获市场的异常波动。投资者可以对其加以利用,提高投资组合的表现水平;监管层可以更好地引导市场预期,防范局部金融风险的扩散和外溢。相比基于传统的统计信息的决策过程,基于金融市场隐含信息的决策过程具有以下优势:信息的获取是公开、及时和准确的,不仅反映历史进程,同时含有市场参与主体对未来的判断和预期。对隐含信息的挖掘和应用,是未来投资决策和风险管理的发展方向。关注期权的隐含信息,期权能够更好地履行价格发现和风险管理的职能。

随着我国资本市场对外开放步伐加快,资本市场的广度和深度在不远的将来会得到长足发展。期权市场必将作为我国资本市场的一个重要组成部分,服务于市场参与者的投资决策和风险管理及实体经济的发展。本书研究拟为市场投资者和监管层更清晰地理解期权市场提供一个合理的基准和参考。

具体来说,本书围绕期权隐含信息开展四个角度的详细研究。

第一,本书根据上证 50ETF 合约的期权价格,基于无模型(model-free)方法计算出隐含方差,并根据隐含方差和已实现方差的差值,计算出方差风险溢价(variance risk premium,VRP)。进一步,VRP 可以分解为向上方差风险溢价(VRP_U)和向下方差风险溢价(VRP_D)。正的 VRP 表明投资者愿意为对冲方差风险支付溢价。期权 Delta 对冲组合的符号也确认上述结果。此外，市场剧烈波动期间市场也会出现负的 VRP。

第二，本书考察 VRP、隐含方差和已实现方差在样本内和样本外对收益率的预测能力。结果表明，和成熟市场不一样的是，VRP 并没有显著的预测能力，VRP 在中国也不能度量宏观经济不确定性。隐含方差和已实现方差则表现出一定的收益率预测能力，但在不同的预测区间里预测效果差别较大。均值-方差投资者能够从上述预测能力中获益。进一步，本书还发现在考察期内股票横截面上的波动率风险暴露并不影响收益。

第三，本书检验隐含高阶矩，包括期权隐含偏度和期权隐含峰度在样本内和样本外的收益率预测能力。研究发现隐含偏度可以预测收益率，且在样本内和样本外的预测均显著。本书进一步在预测性回归中加入期权隐含做空成本、期权隐含波动率价差（implied volatility spread, IVS），隐含偏度的预测能力仍然保持稳定。此外，横截面的高阶矩风险暴露也并没有影响股票的收益。

第四，本书在投资组合中引入期权隐含信息。本书测试不同的资产类别，在引入期权隐含波动率后，风险平价模型（risk parity model）、逆波动率模型和目标风险模型获得更好的表现；在引入期权隐含收益后，基于均值-方差框架下 Black-Litterman 模型（以下简称 B-L 模型）的夏普比率获得显著提升。期权隐含信息可以显著降低资产的期望收益和协方差矩阵的估计误差，进而改善投资组合的模型表现。

在方法上，本书以实证分析为主，辅以理论模型、文献归纳等方法，使用上证 50ETF 期权的交易收据，提取一系列期权隐含信息，研究期权隐含信息在收益率预测和投资组合中的应用。我们比较全面地考察文献中针对期权隐含信息的研究。

本书关注的期权隐含信息以隐含矩（implied moments）为主。基于 Bakshi、Kapadia、Madan 提出的方法（简称 BKM 方法）（Bakshi et al., 2003），从一揽子期权价格中提取隐含方差和其他高阶矩。在期权做市商完全竞争的假设下，参考 Muravyev 等（2016）的模型提取期权隐含做空成本，以验证隐含做空成本能否解释期权隐含偏度的预测能力。除此之外，我们还进一步关注期权隐含一阶矩的信息，从 Jensen 等（2019）提出的广义复原定理（recovery theorem）[①]中提取期权隐含预期收益。

在对收益率预测的考察中，我们主要使用预测性回归的方法，验证期权隐含信息在样本内和样本外是否具有显著的预测能力。在评价样本外的预测能力时，我们定义了样本外 R^2，并检验其是否显著大于零。我们选择的期权隐含信息，既

---

① 由于中文文献中缺少统一的翻译，我们在本书中将 recovery theorem 翻译成"复原定理"。

包括通过期权交易数据提取出来的风险中性测度，有隐含方差、隐含偏度和隐含峰度；也包括风险溢价指标，有 VRP、偏度风险溢价（skewness risk premium, SRP）和峰度风险溢价（kurtosis risk premium，KRP）。收益率预测可以帮助投资者进行市场择时，"均值-方差"类型的投资者也可以通过择时改善投资组合选择。

传统的投资组合模型依赖历史数据估计协方差矩阵，样本外的表现制约投资组合模型的实际应用。我们可以利用期权隐含方差来改善投资组合。基于月度滚动的风险平价模型、逆波动率模型、目标风险模型都佐证了引入期权隐含方差要优于引入历史数据的估计方差。此外，我们还首次基于期权复原定理推导出期权隐含收益，并把它作为投资者的观点加入 B-L 模型中。模型的样本外表现同样证实了期权隐含信息要优于历史信息。

本书的创新之处主要体现在以下几个方面。

（1）本书首次全面考察 VRP 在中国期权市场的表现，并指出 VRP 在国内外股票市场剧烈波动区间均出现显著为负的极端值。显著为正的 VRP 表明中国期权市场的投资者愿意为对冲方差风险支付溢价。

（2）本书系统地计算上证 50ETF 期权隐含信息，包括隐含方差、隐含偏度和隐含峰度。根据作者目前掌握的文献，这些隐含信息并未被国内的投资者充分重视。同时从横截面和时间序列两个维度探究期权隐含信息能否预测股票未来收益率。在时间序列的研究上，本书同时给出样本内和样本外的结果，研究发现以隐含波动率和隐含偏度为代表的隐含信息对于未来的收益率在样本内和样本外均具有较强的预测能力。期权隐含信息的预测能力可以帮助投资者进行市场择时，同时改善"均值-方差"类型投资者的资产配置。在横截面的研究上，本书重点关注按照隐含信息载荷分组的股票，在样本期内未发现风险暴露显著影响股票的收益。

（3）本书首次比较全面地考察不同的期权隐含信息能否改善投资组合的绩效。引入期权隐含信息降低投资组合中期望收益和协方差矩阵的估计误差。实证结果表明：在 M-V 模型的理论框架下，引入期权隐含信息能够显著改善投资组合的表现。

作为风险分担和转移的场所，期权市场发挥着重要的经济功能。期权代表投资者对市场未来的看法，它可以更加有效地实现股票市场的价格发现功能。此外，期权不仅可以作为风险管理工具转移风险，投资者也可以将其作为增强收益的工具。投资者应该充分重视期权隐含信息，并积极利用隐含信息进行市场择时和投资组合管理。

本书的写作目的如下。

1. 为我国市场监管提供更恰当的监管依据

投资者通过自身的预期交易金融资产，形成市场价格，期权的隐含信息直接反映投资者的未来预期。从监管的角度理解市场预期对价格形成的机制，有助于监管者制定恰当的监管策略，引导市场预期。在市场出现极端行情时，期权隐含信息可以进行风险预警，防止局部金融风险的蔓延。总之，关注我国期权价格的隐含信息，能够更好地履行价格发现和风险管理的职能，为我国市场监管提供更恰当的监管依据。

2. 为我国投资者进行资产配置提供新工具

传统的 M-V 模型在实际应用中存在许多弊端，而期权的价格包含大量的市场信息，通过对这些信息的挖掘可以帮助投资者预测资产价格的未来走势。从我国期权合约的价格数据中推测出隐含信息，为多元化的资产配置提供全新的研究视角。随着中国进一步融入全球市场，如何更加有效地进行投资组合管理，无论是对于个人投资者，还是机构投资者都有重要的实践意义。

3. 为投资组合管理研究提供新视角

将期权价格的隐含信息和投资组合理论相结合，可以帮助投资者构建更稳健的资产组合。通过使用上证 50ETF 和在美国市场上交易的 ETF 期权数据推测出隐含信息，为国际化投资组合的构建提供新的研究视角。

最后，本书受到国家自然科学基金资助，项目编号：72071046，项目名称：期权定价、隐含信息与资产配置研究，在这里表示感谢。感谢参与本书格式修改及文字编辑的刘思源，同时还要感谢科学出版社为本书的顺利出版提供的大量帮助。当然本书还有很多不足之处，我们将在以后的研究中进一步完善。

作　者
2020 年 9 月

目　　录

第1章　期权定价及隐含信息研究综述 ·································· 1
　1.1　期权定价模型的相关研究 ··· 1
　1.2　期权隐含信息相关研究 ·· 10
　1.3　期权市场的其他隐含信息相关研究 ······························· 15
　1.4　期权隐含信息和投资组合 ·· 18
　1.5　关于上证50ETF期权的相关研究 ·································· 25
　1.6　相关研究总结 ·· 26

第2章　VRP在我国股票市场的检验 ····································· 29
　2.1　上证50ETF期权 ··· 29
　2.2　VRP的计算 ··· 33
　2.3　VRP的符号 ··· 37
　2.4　基于VRP的投资策略 ··· 48
　2.5　VRP研究实际意义 ··· 51

第3章　VRP和收益率预测 ··· 52
　3.1　引言 ·· 52
　3.2　VRP的预测能力 ··· 53
　3.3　VRP和宏观经济不确定性 ··· 71
　3.4　VRP和因子模型 ··· 74
　3.5　波动率风险和横截面收益 ·· 76
　3.6　市场不确定性的预测总结 ·· 79

第4章　期权隐含高阶矩和收益率预测 ·································· 81
　4.1　隐含高阶矩的提取 ·· 82
　4.2　隐含高阶矩的预测能力 ·· 84
　4.3　隐含高阶矩和因子模型 ·· 93

4.4 偏度和卖空成本 · · · · · · 94
4.5 隐含高阶矩和横截面收益 · · · · · · 101
4.6 期权隐含偏度与隐含高阶矩实验总结 · · · · · · 104

第 5 章 期权隐含信息和投资组合选择 · · · · · · 106
5.1 投资组合模型概述 · · · · · · 107
5.2 基于期权隐含波动率的投资组合 · · · · · · 108
5.3 期权银行预期收益率和 B-L 模型 · · · · · · 113
5.4 讨论 · · · · · · 124

参考文献 · · · · · · 126

后记 · · · · · · 150

第1章 期权定价及隐含信息研究综述

1.1 期权定价模型的相关研究

近年来,随着我国资本市场的迅速发展,国际化与市场化进程的加快,金融机构对于精细化风险管理工具的需求大幅增加。各类衍生产品得到快速发展,产品类型不断丰富,规模持续增加。股票期权作为一种风险管理的工具,其非线性特征允许投资者自由地选择风险敞口,并转移不愿承担的风险。由于期权灵活的合约设计,拥有更多信息的投资者会选择期权市场进行交易。期权交易价格形成的隐含信息具有更高的信息质量。因此探究这些隐含信息能否预测未来的收益率,进而改善投资组合的选择具有重要的现实意义。

所以,本书关注的重点不是期权理论价格,相反,我们把市场交易价格作为给定的变量,然后从中提取有价值的隐含信息。简要回顾期权定价模型,主要是帮助我们建立理论和实证的桥梁。

对期权定价问题的研究可追溯到1973年,Black 和 Scholes(1973)在有效市场理论基础上,首次采用几何布朗运动来刻画期权标的价格变化情况。通过无套利的复制方法,得到经典的 Black-Scholes 期权定价模型(以下简称 B-S 模型)。B-S 模型的创新之处在于欧式期权的价值不再依赖于投资者的个人主观偏好,期权的合理价格与投资者的风险偏好无关。此外,B-S 模型中变量的易于观察性使得该模型的使用非常方便。由于其推导过程的严密性、形式的优美性及计算的简单性,该模型被广泛地应用到实践中。除此之外,B-S 模型还被广泛应用于其他金融衍生产品的定价问题中,如备兑权证、可转换债券、信用违约债券等。期权定价存在解析形式,以欧式看涨期权为例,看涨期权的价格可以表示为

$$c = SN(d_1) - Ke^{-rT}N(d_2) \qquad (1.1)$$

其中,$d_1 = \dfrac{\ln(S/K) + (r + \sigma^2/2)T}{\sigma\sqrt{T}}$,$d_2 = d_1 - \sigma\sqrt{T}$。

可以说，B-S模型奠定了期权定价研究的基石，此后被学者们广泛应用到其他金融衍生产品的定价中，如可转债和信用违约债等。有效市场理论认为，金融市场的信息是充分披露的，即金融市场的每位投资者都可以掌握完全对称的信息，并且每位投资者都可以根据自己所掌握的信息迅速作出正确的投资决策，更为重要的是，该理论认为金融资产的价格能够反映市场上的所有信息。随着研究的不断深入，学者们发现现实金融市场中存在一些现象，有效市场却无法给出合理的解释。例如，金融资产价格的时间序列存在着显著的相关性；金融资产价格的对数收益率的分布呈现出"尖峰厚尾"的特征。除此之外，B-S模型中标的资产价格服从几何布朗运动、常数波动率、标的股票无股息配发和不存在交易费用等假设条件也明显不符合现实金融市场的实际情况，这导致利用B-S模型计算出来的期权价格与实际期权的市场价格存在差距，削弱其定价的效率、精度和适用性。因此，众多学者试图"放松"B-S模型的假设条件，寻求更加贴近市场真实条件的期权定价模型，并取得许多优秀的成果，这些研究具体表现在以下几个方面。

1. 对标的资产价格行为模式的改进

采用何种随机过程来刻画金融资产价格的变化是金融工程的重点问题。众多的研究主要集中在以下两个方面——分形随机过程和跳跃扩散过程，下面分别对其进行介绍。

1）分形随机过程下的期权定价研究

传统的有效市场假说假设期权标的资产的价格变化服从几何布朗运动，标的资产价格的对数收益率服从正态分布。然而，近年来对金融市场的大量研究表明，金融资产的对数收益率并非服从正态分布，而是服从一种"尖峰厚尾"的分布（谭政勋和张欠，2016；Mensi et al.，2019），而且金融资产价格之间也并非随机游走，而是存在显著的长期记忆性和自相似性等分形特征（Nguyen et al.，2019）。Peters（1989）提出的分形市场理论认为金融投资系统是一个错综复杂的系统，信息披露的不完全使得大多数投资者不能得到投资所需的全部信息，金融市场披露的信息除了影响投资者当前的决策外，还影响投资者未来的投资决策，这使得金融资产价格的变化存在着一定程度的长记忆性。此外，投资期限不同的投资者承担着相同的投资风险，这使不同投资期限上的收益率具有相似的频率分布，即投资者在时间尺度上具有自相似性，更为重要的是，分形市场理论认为金融资产价格的对数收益率分布具有"尖峰厚尾"等特征。

鉴于此，学者们基于分形市场理论对期权定价问题进行研究。分数布朗运动具有的加法不变性、长记忆性、自相似性等性质，使得分数布朗运动成为刻画金融资产价格变化过程的良好工具。Mandelbrot（1997）首次采用分数布朗运动来刻画金融资产价格的动态变化，构建分数布朗运动下的期权定价模型。由于分数布朗运动不是半鞅，直接采用分数布朗运动对金融资产价格进行建模将会产生套利机会（Cheridito，2001）。为了消除分数布朗运动产生套利的不足，Duncan等（2000）建立了关于分数布朗运动的Wick-Ito积分，在该积分下，Hu和Øksendal（2003）、Necula（2008）、Elliott和van der Hoek（2008）及Elliott等（2009）分析分数布朗运动环境下的期权市场，并且给出分数布朗运动下的期权定价公式。Björk和Hult（2005）的研究表明以上学者对自融资概念的定义不能对金融市场作出合理的解释，并以此说明标的资产价格服从分数布朗运动的期权合约，不能采用无套利定价理论对其进行定价。Tudor（2007）首次提出次分数布朗运动的定义，次分数布朗运动是比分数布朗运动更为一般的高斯过程，除具有分数布朗运动的优良性质外，次分数布朗运动的收敛速度比分数布朗运动更快，特别是当赫斯特指数 $H \in$ （3/4，1）时，次分数布朗运动是一个半鞅，因此采用次分数布朗运动刻画金融资产价格的变化不会产生套利机会，并且次分数布朗运动模型可以解释金融资产价格波动具有的非线性、自相似性和长记忆性等有效市场理论无法解释的现象，所以当采用次分数布朗运动对金融资产价格的变动进行建模时，将会比几何布朗运动和分数布朗运动更加准确地刻画金融市场的真实特征。Necula（2008）、Rao（2017）及Xu和Zhou（2019）都研究了次分数布朗运动下金融衍生产品的定价问题。

张卫国等（2008）、孙玉东等（2012）、黄文礼和李胜宏（2011）、刘善存等（2011）也对分数布朗运动视角下的金融衍生产品的定价问题进行了研究。张卫国和肖炜麟（2013）、徐峰（2017）亦采用次分数布朗运动来刻画金融资产价格的动态变化情况，研究次分数布朗运动模型下的金融衍生产品的定价问题。其中，张卫国和肖炜麟（2013）研究次分数布朗运动视角下有关备兑权证的定价问题，徐峰（2017）研究次分数布朗运动模型下的广义交换期权的定价问题。研究结果均表明，次分数布朗运动可以消除分数布朗运动产生套利的不足，并且次分数布朗运动视角下的定价模型比分数布朗运动视角下的定价模型具有更高的精确度。郭精军和程志勇（2018）、程志勇等（2018）研究次分数布朗运动下支付红利的期权定价问题，他们的研究表明，当我们考虑标的股票支付红利对期权定价结果的影响时，只需要根据标的股票配发股息的大小将资产价格的收益率进行调整，就可以推导出支付红利的期权定价模型。

2）跳跃扩散过程下的期权定价研究

跳跃与波动率不同，波动率是刻画股票价格的长期平均偏差，而跳跃则是刻画股票价格在每一个瞬间都有可能严重偏离原来价格水平的现象，一旦这种跳跃发生后，股票价格又会回到原先的价格水平上，波动率是一种必然现象，而跳跃则是一种偶然现象。跳跃扩散过程是普通的（路径连续的）扩散过程和一个在随机时刻发生跳跃的（跳跃的幅度也是随机的）跳跃过程的结合，显然这种变化过程比单一的几何布朗运动、分数布朗运动及次分数布朗运动更能反映金融市场中资产价格的现实变化路径，对应的模型可以认为是考虑资产价格有不连续跳跃时对经典的 B-S 模型的推广。

Merton（1976）认为如果在股票价格的变化过程中的跳跃成分与整个市场无关，就属于可分散的风险，该部分风险不应该获得期望收益，故 Merton 利用几何布朗运动来描述由系统风险造成的资产价格的变动，采用泊松随机过程来描述产生非系统性风险的偶然的资产价格的跳跃，并且假定资产价格的跳跃幅度服从正态分布，通过求解随机微分方程可以得到期权的定价公式，这使得期权定价理论得到突破性的进展。随后，大量学者讨论跳跃扩散过程下的期权定价问题，如 Lewis（2001）研究指数 Lévy 过程下的期权定价问题；Bakshi 等（2008）将傅里叶变换引入指数 Lévy 过程中，研究傅里叶变换下的期权定价问题；Cai 和 Kou（2011）研究混合指数跳跃扩散模型下的期权定价问题，得到欧式期权价格满足的解析解。国内学者也对跳跃扩散模型下的期权定价问题进行研究，如杨智元和陈浪南（2001）、陈浪南和孙坚强（2010）研究跳跃模型下指数期权的定价问题；张利花等（2010）研究跳跃扩散模型下美式回望期权的定价问题；韩响楠和何春雄（2010）研究带跳跃成分的亚式期权的定价问题；巢文和邹辉文（2017）研究双指数跳跃扩散模型下的长寿债券定价问题；宫晓莉等（2018）研究广义双指数分布跳跃扩散模型下股指期货的定价问题。

2. 对常数无风险利率的改进

关于随机利率的期权定价模型已有学者进行了大量的研究，对随机利率的研究可以追溯到 1973 年，Merton 认为利率具有显著的随机波动特征，故对 B-S 模型中利率是常数的假定进行改进，研究随机利率模型下的期权定价问题，但是该研究对利率的设定并不能完全刻画利率具有的非负和均值回复等特性，故 Vasicek（1977）在 B-S 模型的基础上，提出采用几何布朗运动来刻画短期利率，得到债券价格的定价公式。Vasicek（1977）的短期利率定价模型可以表述为

$$dr_t = \kappa(\theta - r_t)dt + \sigma dB_t \tag{1.2}$$

其中，r_t 为 t 时刻的利率；κ 为利率调整速度；σ 为波动率；θ 为长期回复均值；B_t 为标准的布朗运动；κ、σ、θ 均为正的常数。

随后，Biger 和 Hull（1983）、Grabbe（1983）及 Amin 和 Jarrow（1992）都研究了随机利率下的期权定价问题。Hilliard 和 Schwartz（1997）的研究结果表明随机利率模型比固定利率模型的定价效果要精确得多。Amin 和 Bodurtha（1995）发现随机利率模型中的参数对期权定价模型的定价效果有重要的影响。国内学者陈超等（2000）、张曙光等（2006）、孔文涛和张卫国（2012）都对随机利率模型的

期权定价问题进行了深入的研究。

赵晶等（2015）基于中国和美国市场的月度国债收益率数据对上述利率期限结构模型的实证研究表明，这些模型在刻画利率期限结构的特征时存在较强的数据依赖性和能力不足的情况，如果直接采用这些模型对无风险利率进行建模将会使期权定价模型的稳健性遭到质疑。此外，鉴于无风险利率的变动主要影响期权的内在价值，而对期权时间价值的影响十分有限，故在欧美等证券市场发达的国家，学者们普遍采用短期国债利率或即期的长期国债利率作为无风险利率的替代。在本书中，我们采用一年期国债利率作为无风险利率的替代，不再考虑利率的期限结构问题。

3. 对常数波动率的改进

随机利率模型研究影响期权标的资产价格变动的外部变量，而随机波动率模型则研究期权标的资产自身波动的随机现象。此外，将期权合约的市场价格代入B-S模型中反解出的隐含波动率不是常数，具有波动率微笑的现象，这就在一定程度上暴露了B-S模型的缺点，即该模型不能反映出金融市场上期权价格波动率的变动，因此众多学者对随机波动率模型下的期权定价问题进行探究。随机波动率模型就是研究当波动率不是常数（可以为一个确定的函数，也可以为一个随机过程）时的期权价格。当波动率仅仅是股票价格和时间的确定性函数时，称该类模型为确定性波动率模型，如 Cox 和 Ross（1976）提出的不变方差弹性（constant elasticity of variance，CEV）模型（以下简称 CEV 模型）及 Dupire（1994）等提出的隐含波动率确定性模型（以下简称 IDV 模型）。Dupire（1994）提出的 IDV 模型假设股票价格满足以下随机微分方程：

$$dS_t = \mu S_t dt + S_t \sigma(S_t, t) dB_t \tag{1.3}$$

其中，μ 为股票的收益率；$\sigma(S_t, t)$ 为股票的波动率函数；S_t 为 t 时刻股票的价格；B_t 为标准的布朗运动。通过对该模型的求解依旧可以得到经典的 B-S 模型，不过此时 B-S 模型中的波动率参数变为股票价格和时间的二元函数。CEV 模型是 IDV 模型的一种特殊形式，即令 IDV 模型中的波动率 $\sigma(S_t, t) = \sigma S_t^{\beta+1}$，CEV 模型中期权标的股票价格满足如下的随机微分方程：

$$dS_t = \mu S_t dt + S_t \sigma S_t^{\beta+1} dB_t \tag{1.4}$$

其中，当 β 等于 0 时，CEV 模型就变成了经典的 B-S 模型；当 β 等于-1 或 2 时，CEV 模型就变成了利率市场上著名的 Cox-Ingersoll-Ross 模型；当 β 等于-1 时，CEV 模型就变成了绝对扩散模型。

综上，无论是 CEV 模型还是 IDV 模型，都涉及对波动率参数的估计问题，根据 CEV 模型和 IDV 模型的设定形式，如果要估计出该类模型中波动率函数的取值，需要得到期权市场中期权合约价格的所有数据。由于期权只是在有限的期权价格与到期日上交易，这显然是不可能实现的。这意味着必须对市场价格进行插值或外推得到关于股票价格和时间的二元曲面，进而得到波动率函数的取值。为解决该难题，近年来学者们提出各种随机波动率模型，相对于确定性波动率模型，随机波动率模型中的参数更容易估计。目前学术界提出的随机波动率模型都属于随机方差模型（stochastic variance model，SV 模型），不同的 SV 模型设定不同的过程来描述瞬时波动率的变动。这类模型中股票价格的波动率由不同的随机过程来描述，而这些随机过程与股票价格的变动息息相关，这类模型可以根据指定的随机过程来进行区分。

首先，Hull 和 White（1987）首次提出著名的 SV 模型，该模型采用几何布朗运动来刻画期权标的资产价格的波动率的变动，即假定期权标的资产的波动率满足：

$$\mathrm{d}\sigma_t = \mu_\sigma \sigma_t \mathrm{d}t + \sigma \sigma_t \mathrm{d}B_t \tag{1.5}$$

E. M. Stein 和 J. C. Stein（1991）的研究思路与 Hull 和 White（1987）的不同，他们采用均值回归高斯过程来刻画波动率的变动，即 SV 模型中的波动率满足：

$$\mathrm{d}\sigma_t = \beta(\bar{\sigma} - \sigma_t)\mathrm{d}t + \sigma \sigma_t \mathrm{d}B_t \tag{1.6}$$

Heston（1993）提出的 Heston 模型是最基础的随机波动率模型，采用均值回归平方根过程（the mean-reverting square-root process）来对标的资产价格的波动率建模，进而研究存在随机波动率条件下的期权定价问题。在模型中，股票的价格可以表示为

$$\frac{\mathrm{d}S_t}{S_t} = a\mathrm{d}t + \sqrt{V_t}\mathrm{d}W_t^S \tag{1.7}$$

$$\mathrm{d}V_t = k(\theta - V_t)\mathrm{d}t + \sigma_v \sqrt{V_t}\mathrm{d}W_t^V \tag{1.8}$$

其中，S_t 为股票的价格；V_t 为波动率。两个布朗运动的增量 $\mathrm{d}W^S$ 和 $\mathrm{d}W^V$ 是相关的，且满足：

$$E\left(\mathrm{d}W_t^S \mathrm{d}W_t^V\right) = \rho \mathrm{d}t \tag{1.9}$$

Bates（1996）提出的 Bates 模型在前人研究的基础上，采用均值回归平方根过程来刻画期权定价模型中标的资产价格波动率的变动，在股票价格运动过程的刻画里加入了"跳"（jump），式（1.7）可以变为

$$\frac{\mathrm{d}S_t}{S} = a\mathrm{d}t + \sqrt{V_t}\mathrm{d}W_t^S + \mathrm{d}J_t^S \tag{1.10}$$

在这里 J_t^S 是泊松过程，我们假定跳跃的幅度满足正态分布：

$$Z_t^S \sim \mathrm{N}\left(\mu_y, \sigma_y^2\right) \tag{1.11}$$

以上几个模型虽然较好地刻画了波动率的时变特征，但是连续时间波动率模

型难以执行和检验，这意味着在连续时间下波动率是不可观测的，此时必须使用从期权价格中计算得到的隐含波动率对其他期权进行估计，这种方法在交易量较少或流动性不足的市场中不可行，因为在此类市场中期权的交易价格并不能真正代表期权的真实价格。

其次，Bandi 和 Russell（2008）、Stentoft（2008）及 Corsi 等（2013）研究了已实现波动率（realized volatility，RV）模型下的期权定价问题，RV 模型也被称为日内波动率或高频波动率模型，研究结果表明基于交易日内高频收益率数据的已实现波动率作为日内波动率的测度，将在很大程度上降低期权定价模型的定价误差，并且随着高频数据的增加，期权定价模型的定价误差将会越来越小。

再次，Heston 和 Nandi（2000）采用向量自回归条件异方差（generalized autoregressive conditional heteroskedasticity，GARCH）模型对期权标的资产价格的波动率建模，假设金融资产价格的波动率遵循 GARCH（p, q）过程，通过矩母函数和反演特征函数的方法得到欧式看涨期权在风险中性测度下的定价公式。在实证分析中，Heston 和 Nandi 采用在 CBOE 上市交易的 S&P 500 指数期权数据对 GARCH（1, 1）模型的定价性能进行分析。实证分析表明，GARCH 模型不论是在样本内还是在样本外的定价表现都比 B-S 模型好，但是，对于深度实值期权的定价效果较差。Cai 和 Kou（2011）鉴于实际市场中金融资产的价格呈现出与 B-S 模型假设不同的特征，故采用混合指数跳跃扩散过程来研究期权定价问题，得到欧式期权价格满足的解析解。该研究是对传统 B-S 模型的进一步改进，比 B-S 模型在刻画金融资产价格呈现出"尖峰厚尾"的特征方面更符合金融市场的实际情况。上述理论模型为我们分析期权隐含波动率风险及跳跃风险提供了理论框架。自此各种 GARCH 族模型被用来研究与金融衍生产品定价相关的问题，其中代表性的研究有 Hansen 等（2012）、Huang 等（2019）、郑尊信等（2019）。

同时，Fang 和 Oosterlee（2009）首次采用 Fourier Cosine Series 对欧式期权的定价问题进行研究，Fang 和 Oosterlee（2009）的研究表明，只要标的资产价格的特征函数存在，就可以采用 Fourier Cosine Series 对期权进行合理的定价。虽然该方法的定价效果较好，但是并不能保证该模型的稳健性。此外，有些 GARCH 族模型并不存在特征函数，因此该方法的应用具有一定的局限性。

最后，鉴于 Fourier Cosine Series 方法缺乏稳健性，Wang 等（2017）采用稳定的傅里叶余弦级数展开（stable Fourier series expansions）来研究期权的定价问题，得到类似 B-S 模型的解析解。通过数值实验的方法验证该模型的有效性，但是当该模型中的参数取值超过某一特定区间时，该模型的定价效果急速恶化，即该模型对参数的取值异常敏感。

通过对目前的文献进行综述可知，目前学术界主要采用三种模型对金融资产价格的波动率进行建模：一是隐含波动率（implied volatility，IV）模型，二是 RV 模型，三是历史波动率（history volatility，HV）模型，其中 RV 模型更适合对高频交易数据进行建模，但如果采用日收盘价格数据，且样本数据的选取时间跨度较大，采用历史波动率模型对波动率建模的效果更好。

4. 对摩擦市场假设条件的改进

在不存在交易成本的情况下，创建一个可复制期权的理想套期保值的投资组合就可以得到期权的均衡价格，但是，如果考虑交易成本对期权定价结果的影响，建立一个理想的套期保值则需要连续调整投资组合来复制期权合约的收益，这会逐渐增加总的交易成本，以致整个复制过程中的交易成本无限大。Leland（1985）及 Edirisinghe 等（1993）指出，为了减少总的交易成本，交易者应该避免进行频繁的交易。不频繁的交易又无法建立理想的套期保值策略来复制投资组合的收益，进而产生保值误差。为了更好地研究交易费用对期权价格的影响，Leland（1985）首次提出考虑交易费用的期权定价模型，他通过套期保值策略得到看涨和看跌期权多头波动率的一个调整值：

$$\hat{\sigma} = \sigma \left(1 - \frac{k}{\sigma}\sqrt{\frac{8}{\pi \Delta t}}\right)^{\frac{1}{2}} \qquad (1.12)$$

其中，k 为交易费用率；Δt 为交易的时间间隔；π 为交易量；σ 为期权标的资产价格的波动率。对于看涨和看跌期权空头，有类似的波动率调整值：

$$\hat{\sigma} = \sigma \left(1 + \frac{k}{\sigma}\sqrt{\frac{8}{\pi \Delta t}}\right)^{\frac{1}{2}} \qquad (1.13)$$

尽管 Leland（1985）的构思在形式上是合理的，但是该模型只能对香草期权等一些特殊类型的期权进行定价。随后越来越多的学者研究交易费用下的期权定价问题。例如，Boyle 和 Vorst（1992）在一个离散的时间框架下探讨有交易成本的期权定价问题，他们在考虑比例交易成本的情况下，通过在每个交易间隔构建适当的复制投资组合得到离散时间下的期权定价模型，该模型是 Cox-Ross-Rubinstein 二项期权定价模型的一个扩展。Hoggard 等（1994）通过一系列的推导，首次将非线性微分方程引入金融衍生产品的定价理论中，得到与 Leland（1985）类似的波动率调整值。Monoyios 等（2004）在衍生证券中的最优投资组合框架下，提出一种在比例交易成本下对欧式期权定价的有效算法。

与以上研究所采用的方法不同，Bernhard（2005）采用鲁棒控制和博弈论的方法对期权定价问题进行研究，在这种方法中，经济系统中的不确定性由一组可能的价格轨迹来描述，而不给这组价格赋予任何的概率测度。在没有交易成本的情况下，连续交易理论导致一个非常简单的微分方程，但所得到的套期保值策略对未建模交易成本缺乏鲁棒性，导致一个没有经济学意义的结果，因此，Bernhard（2005）在模型中引入交易成本，分别研究连续时间模型和离散时间模型下的期权定价问题。其中，离散时间模型可以看作连续时间理论拟变分不等式的离散化，离散时间模型非常适合于数值求解，且在交易成本为零的特殊情况下，构建的连续时间模型和离散时间模型分别退化为经典的 B-S 模型和 Cox-Ross-Rubinstein 的模型。Zakamulin（2006）扩展 Davis 等（1993）的研究框架，分别考虑固定交易费用和比例交易费用下的期权定价与套期保值问题，并采用数值仿真的方法对构建的期权定价模型和套期保值策略的效果进行验证。Amster 等（2005）应用期权价格满足的上确界和下确界研究一类具有交易费用的期权定价模型中非线性微分方程的边值问题，并给出非线性微分方程存在解析解的条件。Company 等（2009）研究一类非线性 Black-Scholes 偏微分方程的有限差分形式的构造和在考虑交易费用时投资组合套期保值的数值分析问题。Wang 等（2010）利用离散时间下的自融资策略，在混合布朗和分数布朗运动视角下，研究考虑交易成本的期权定价问题。Gu 等（2012）在离散时间框架下，研究分数次扩散 B-S 模型下的期权定价问题。类似的研究还有 Florescu 等（2014）、Kallsen 和 Muhle-Karbe（2015）、Najafi 等（2018）。

国内学者也对交易费用下的期权定价问题进行研究，并且取得许多优秀的成果。例如，王建稳和王利伟（2008）研究考虑交易费用的期权定价问题；蒲冰远等（2009）研究交易成本下的领子期权的定价问题；孙琳（2009）在考虑交易费用的情况下，通过构建合理的证券组合并采用求解偏微分方程的方法，研究分数布朗运动下的期权定价模型；张卫国等（2009）研究有交易费用的备兑权证的定价问题；徐峰（2017）应用随机分析理论和偏微分方程方法，研究混合双分数布朗运动下考虑交易费用的欧式期权定价问题。

至此，我们回顾期权定价模型的发展演化历程，介绍多种具有代表性的期权定价模型，但是需要指出的是，现有对期权定价的研究仍然存在一些明显的不足和值得继续探讨的方向，具体如下：①与经典 B-S 模型相比，现有期权定价模型的复杂度有余但精确度不高；②研究问题的切入点较单一，很少有学者同时从刻画金融资产价格变动的随机模型和影响期权价格的外部因素（交易费用和支付红利）出发对期权定价问题进行研究；③大多数研究采用单一的随机过程来刻画金融资产价格的变动，这种假定很难捕捉分形市场的时变性；④对期权定价的实证研究大多集中在欧美等成熟市场，很少有学者从我国期权市场的实际情况出发，采用我国期权合约的价格数据对期权定价模型的适用性和有效性进行检验。

1.2 期权隐含信息相关研究

1.2.1 隐含波动率和 VRP

在经典理论中，学者们通常将风险初步划分为市场风险、流动性风险、信用风险等，随着实践的发展和研究的深入，学者们发现金融资产价格的分布具有时变性，这意味着标的资产的收益率、波动率、偏度及峰度都是随时间而变的，具有不确定性，相应地投资者面临着收益率风险（一阶矩）、波动率风险（二阶矩）、偏度风险（三阶矩）及峰度风险（四阶矩）。然而，在只有现货和期货市场的时代，要估计高阶矩风险溢价是极其困难的，而且误差极大，期权市场的出现为上述研究提供了很好的条件。期权价格深受波动率、偏度、峰度等高阶矩的影响，因此期权价格中隐含这些高阶矩的丰富信息，如何从期权价格中提取这些信息成为国内外学者们研究的热门话题。

Bansal 和 Yaron（2004）基于消费的资本资产定价模型 Consumption CAPM 建立的长期风险模型是研究 VRP 的第一类理论模型，具备较为完善的理论基础。该模型假定投资者的效用函数满足 Epstein Zin 形式，该效用函数的使用导致投资者偏好于提前解决不确定性，即愿意为对冲不确定性购买保险。构建的模型在合理的参数设置下所求解出的市场收益率和无风险收益率，可以较好地拟合出实际经济的特征。虽然该论文只是探究了一阶矩风险溢价，但为之后理论模型的发展奠定了基础。Drechsler 和 Yaron（2011）通过在长期风险模型中引入两个跳跃项，建立广义上的长期风险模型。此模型能较好地解释 VRP 的存在，并将风险溢价拆分为规模溢价和漂移溢价两个部分，其中，规模溢价测量了两种概率测度下方差的水平差异，漂移溢价测量了两种概率测度下方差的变动差异。模型从理论上推导出 VRP 与股权溢价之间的相关系数形式。虽然长期风险模型可以较好地解释 VRP 的存在及大小，但在解释期限结构方面仍存在一定的改进空间。Baele 等（2014）从行为金融发展而来的累积前景理论是研究 VRP 的第二类理论模型，其理论框架自成体系。Baele 等对符合累积前景理论假定的投资者求解一个简单的均衡模型，发现概率累积权重在产生 VRP 中起到重要的作用，并且该模型对横截面下的价外指数期权有着较好的定价能力。最近几年从实际数据发展而来的无套利模型是研究 VRP 的第三类理论模型，Dew-Becker 等（2016）的研究是其中的一个代表。他们利用 OTC（over-the-counter，柜台交易方式）数据分析方差互换合约中隐含方差的期限结构，并推导出无套利模型理论，这类模型完全由实际数据推导而来，所以理论基础略显薄弱。

　　VIX 指数是业界广泛使用的波动指数，又被称为"恐慌指数"，其从一揽子指数期权推测出未来 30 天的预期波动率。Bollerslev 等（2009）利用 VIX 的平方作为期权隐含方差，并计算隐含方差和已实现方差的差别，把它定义为 VRP。VRP 可以定义为收益率方差的 Q 测度和收益率方差的 P 测度的差值，收益率方差的 Q 测度可以使用方差互换比率来度量，而收益率方差的 P 测度可以使用标的证券的已实现方差来刻画。Carr 和 Wu（2009）利用一揽子期权构造方差互换比率，用已实现波动率和近似的方差互换比率的差值来近似 VRP。González-Urteaga 和 Rubio（2016）同样利用一揽子期权构造方差互换比率，但他们的研究与 Carr 和 Wu（2009）不同，他们将方差互换比率作为波动率的风险中性估计，求得 VRP，发现经典的因子模型无法对其进行完全的解释，进而将 VRP 作为定价因子，结合 Fama-Macbeth 方法，根据 VRP beta 系数的大小分为 20 个组合，对股票进行分组排序，并观察因子的显著性，其研究表明违约风险溢价是决定横截面差异的主要因素。此外，VRP 是市场中一个独立的风险源，不同股票的收益率对其敏感性不同，可以利用这个性质构建不同的股票组合，从而获取超额收益。Carr 和 Wu（2016）基于机构投资者交易期权的行为，提出新的期权定价的框架。作者从波动率曲面上提取波动率风险和风险溢价，同时发现风险溢价能够显著预测未来的收益。

　　VRP 具有重要的经济学含义，Bollerslev 等（2011）认为 VRP 和投资者的风险规避程度成比例，利用标准普尔 500 期权的交易数据，可以近似认为 VRP 的负值等于美国投资者的风险规避程度。Bali 和 Zhou（2016）也把 VRP 作为经济不确定性的代表，研究发现和 VRP 高度相关的股票组合有超额收益。Bali 和 Zhou（2016）提出包含风险和不确定性的条件资产定价模型，把 VRP 作为经济不确定性的代表，研究发现和 VRP 高度相关的股票组合有超额收益，表明股票组合对市场和不确定性因子具有正的风险溢价。同时还发现，股票组合和市场、不确定性的协方差预测了时间序列和股票收益横截面的变化。Han 和 Zhou（2012）也进行了类似的研究。

　　VRP 广泛应用于收益率预测。VRP 可以从股票指数出发预测股权溢价，如 Bollerslev 等（2009）以长期风险模型为基础，进一步发展 BY 模型，发现 VRP 在美国市场可以预测未来的短期收益率。Qiao 等（2019）基于 9 个新兴市场的指数构造 VRP。由于样本量的限制，作者基于样本扩展法增加样本。研究发现，新兴市场的 VRP 可以预测股票收益、货币收益及资本流动，并且在短期内预测效果更加显著。新兴市场 VRP 包含成熟市场未包含的其他风险。沙楠（2017）对中美两国股票市场 VRP 的预测能力进行细致的比较，结果表明美国股票市场 VRP 的预测能力较强。李蒲江和郭彦峰（2017）探究 VRP 对股票市场收益率和中国宏观经济变量的预测能力，为进一步分析我国证券市场的风险偏好提供了经验证据。

VRP 也可以成为横截面上的定价因子，如 Han 和 Zhou（2012）发现高 VRP 的股票平均比低 VRP 的股票每个月有 1.84% 的超额收益。同时作者认为这种现象不是股票错误定价和内部交易导致的。Bai 等（2019）基于美国市场的数据检查股票层面的 VRP 对期权收益率的预测能力，研究发现高 VRP 的看涨期权组合和低 VRP 组合，其月度差值为 -11.96%，t 值为 -4.75；而高 VRP 的看涨期权 Delta 对冲组合和低 VRP 看涨期权 Delta 对冲组合，其月度差值为 -1.92%，t 值为 -10.86。VRP 和期权回报率负相关的原因，主要来自二阶矩风险溢价，同时向上和向下的不确定性都影响了预测能力。

VRP 的预测能力不局限于样本内，Pyun（2019）提出一种新的基于样本外使用 VRP 预测月度收益的方法。市场风险溢价与方差风险价格乘以方差风险暴露有关，因此当市场收益对方差变化值的回归系数越大时，那么未来的收益应该和当前的 VRP 越相关。同时，当市场收益率和方差变化高度相关时，VRP 对未来收益的预测也就越准确。

此外，VRP 也广泛地存在于其他市场上。Corte 等（2016）利用外汇期权的数据检查 VRP 等。Hamilton 和 Wu（2014）考察原油市场的 VRP，Barnea 和 Hogan（2012）考察 VIX 市场的 VRP，实证结果表明该市场的 VRP 为负，Hamilton 和 Wu（2014）的研究也得到类似结论。对不同国家、不同市场的 VRP 的实证表明，VRP 作为衡量宏观经济不确定性的指标，具有广泛的适用性。同时研究还发现，VRP 体现投资者对风险的规避程度。国外研究发现，美国投资者的风险规避程度与 VRP 的负值相等。Zhou（2018）研究发现 VRP 不仅能够显著地预测股票收益率，还能显著地预测债券收益率及信用利差，其预测效果在短期数月内达到顶峰，随着时间区间的拉长，预测能力逐渐衰减。研究结果表明在各大类资产类别中，该指标与其他常见指标（如市盈率、远期利率、两国之间的利差、短期利率等指标）对资产收益率的预测性互为补充，它有效度量了短期内宏观经济的不确定性。该文献将 VRP 与宏观经济变量进行联系，揭示全球主要市场的风险溢价在短期内存在联动现象。Londono 和 Zhou（2017）基于消费的资产定价模型进行建模，将局部消费不确定性及全球通胀不确定性纳入模型，研究发现 VRP 所反映的宏观系统性风险除了消费增长的不确定性之外，还有就业率增长的不确定性、股票市场的流动性风险等因素。在时间序列层面的研究表明，VRP 对股权溢价及宏观经济变量具有显著的短期预测能力，与已有的研究成果相互补充，提供新的实证支持。Ammann 和 Moerke（2019）研究在信用市场上的 VRP，得出信用方差互换的回报率显著为负。做空信用方差互换的年度夏普比率为 6，在控制交易成本之后，上述结论仍然显著，同时也不能被其他风险因子所解释。

此外，也有学者将波动区分为向上的波动和向下的波动，进而也能把 VRP 分解为 VRP_U 和 VRP_D。Feunou 等(2018)把 VRP 进一步分解为 VRP_U 与 VRP_D，两者都是对于偏度风险的度量。进一步的研究发现，VRP_D 是 VRP 的主要组成部分，从整体上来看，80%的 VRP 是由于投资者承受了下行方差风险而产生的，VRP_D 与股票未来收益显著正向相关。此外，SRP 对股票未来超额收益也具有十分显著的预测效果。对 SRP 的敏感性分析发现，收益预测的有效窗口期为未来一个季度，这极好地填补了技术面指标的短期收益预测与基本面指标的长期收益预测之间的空白。

VRP 也反映波动率的风险价格。陈蓉和方昆明（2011）研究香港市场的波动率风险溢价，实证结果表明香港股票市场上的波动率风险溢价显著为负，投资者是厌恶波动率风险的。在对波动率风险价格考察上，另一类文献从波动率和横截面收益出发，如 Ang 等（2006）考察总体风险（以 VIX 来度量）和股票横截面收益的关系，研究发现对总体波动率变化更敏感的股票平均来看收益较低，此外，异质性波动率较大的股票也具有更低的回报。上述现象不能被总体波动率风险、规模、账面市值比、动量和流动性来解释。郑振龙和汤文玉（2011）考察 A 股市场波动率风险对股票横截面定价的影响，研究发现波动率风险是显著的定价因子，且风险价格为负，其认为引入波动率风险有利于解释市值和价值异象。

在实务界，由于 VRP 在各个期权市场均显著为正，投资者可以设定不同的投资策略来从 VRP 中获益。VRP 并不是市场异象，相反，它是一种风险溢价。如果投资者具有较长的投资期限以及更强的抗周期能力，其可以通过卖出期权的策略来获得增强收益。Ge（2016）测试三种基于 VRP 的波动率卖出策略：卖出看涨或看跌期权、卖出 VIX、买入方差风险互换，结果表明在长周期的情况下三种策略均收获显著的正收益。由于波动率卖出策略在金融危机期间会遭遇巨大的回撤，Ge（2017）检查基于 VRP 的收益增强策略，结果表明收益增强策略比单纯的买入并持有具有更高的夏普比率。基于 VRP 的波动率卖出策略和其他组合具有负相关性，因此可以有效地改善整个组合的表现。

1.2.2 隐含高阶矩

期权的隐含高阶矩，如偏度、峰度，度量了尾部风险，也有学者把期权隐含偏度作为跳跃风险的代理变量。众所周知，期权市场存在着波动率微笑，波动率的形状，也反映了高阶矩信息。Xing 等（2010）发现波动率微笑的形状对于横截面的收益有着显著的预测能力。具有更陡峭波动率微笑的股票相对于最不陡峭波动率微笑的股票每年收益率要低 10.9%。这种预测能力持续最少 6 个月。作者认为具有负面内幕消息的交易者倾向于交易价外看跌期权，由于存在卖空限制，股票市场对负面内幕消息的反映则比较缓慢。Park 等（2019）提出一种度量隐含波动率曲面凸性的方法。波动率曲面凸性代表着风险中性测度下的尾部风险。基于 2000~2013 年美国市场股票期权的交易数据，我们发现低 IV 凸性的股票组合和高 IV 凸性的股票组合每个月的收益率差值超过 1%，研究证实拥有内部消息的投资者促进了价格发现的过程。

　　类似于 VRP 的构建方式，我们可以计算期权隐含偏度、已实现偏度和 SRP。已有文献对 SRP 的研究可以分为两类：历史信息法和期权价格隐含信息法。历史信息法，是指直接运用股票历史价格数据和多因子定价模型考察 SRP 是否显著异于零的方法。Kraus 和 Litzenberger（1976）最早将偏度加入资本资产定价模型进行研究，其后的相关文献，如 Harvey 和 Siddique（2000）、Dittmar（2002）、Li（2004）及 Boyer 等（2010）均表明偏度风险是系统性风险，市场存在相应的 SRP。这类方法的本质特征是从历史数据中寻找偏度风险被定价的证据，研究方法相对成熟稳定，但 SRP 本质上是基于未来而非基于历史的，这一方法显然缺乏前瞻性。由于在大量未来期限和大量行权价上都有成交价格，期权市场蕴含的未来价格分布信息最为丰富，期权价格包含投资者对未来市场波动的预期，与历史信息法相比，从期权价格中提取出的隐含信息具有即时性和前瞻性的优点。Bakshi 等（2003）给出了基于无模型方法计算期权隐含偏度的方法。这篇文献给出的使用期权价格计算隐含信息的方法，被后来的研究广泛引用。刘杨树等（2012）基于 BKM 的框架，提取香港期权市场的隐含高阶矩，发现高阶矩风险溢价均小于零，表明香港市场投资者热衷于冒险，期望在短时间内获取较大收益。郑振龙和郑国忠（2017）基于 BKM 的框架，利用台湾期权市场的数据提取隐含高阶总矩、隐含协矩和隐含特质矩，研究表明协偏度和协峰度的波动比协方差要剧烈得多，同时引入多市场信息的预测效果要优于单独采用某一市场信息。市场的成熟和交易活跃度的提升，也有助于期权隐含信息的反映。由于股票的已实现偏度很难被准确度量，尤其在较长的时间段里，Neuberger（2012）提出基于高频数据无偏估计已实现偏度（realized skewness）的计算方法。该方法应用到计算指数的偏度上，事实上它并不随着时间的增加而减小，反而在一年内的范围内逐渐增加，其数值也在统计上显著。Kozhan 等（2013）研究股票指数的 SRP，发现 SRP 解释了波动率曲线斜率的 40%，同时偏度风险和方差风险紧密相连。

　　风险中性测度下的偏度预期可由无模型方法从期权价格中提取，在现实测度下的偏度预期估计是一个难题，只有解决这一难题，才能求得 SRP。Neuberger（2012）创造性地解决了这一问题，其提出通过构建方差互换和偏度互换合约，可以同时从期权价格中提取出隐含的三阶矩和已实现三阶矩，然后根据 Kozhan 等（2013）的定义得到隐含偏度和已实现偏度，进而得到 SRP 用以研究，而且通过此方法提取到的指标具有优良的统计性质，不会受限于时间区间的划分，亦不受跳跃存在与否的影响。

在关于高阶矩在股票定价的研究上，Conrad 等（2013）使用股票期权计算出事先的隐含高阶矩，同时股票的风险中性波动率、偏度和峰度都和未来的收益率显著相关。特别地，隐含波动率和股票收益负相关，和隐含峰度正相关。同时，股票的负偏程度越大，其后的收益也就越大。在控制其他因素后，这些收益来源于风险补偿，个股的偏度发挥着重要作用。Langlois（2020）对 SRP 进行度量，Chang 等（2013）发现当股票暴露于市场隐含偏度的变化值较大时，平均来看未来的收益较低。市场的 SRP 在同时和经济意义上都非常显著，同时不能被其他因素（如规模、账面市值比、动量和市场波动率因子）解释。Amaya 等（2015）探索已实现偏度能否预测横截面的收益。Langlois（2020）基于一种新的方法从实证上检验系统性和特质性偏度在解释横截面收益中的作用。Huang 等（2019）发现波动率的波动率（volatility of volatility）是一个显著影响指数和 VIX 期权回报率的风险因子，同时其风险价格均为负。

由于波动率风险和跳跃风险紧密相关，分离两种风险在实证上面临着挑战。Bali 和 Hovakimian（2009）把已实现波动率和隐含波动率的价差作为波动率风险的度量，把看涨期权和看跌期权价差作为跳跃风险的度量。研究发现看涨-看跌期权隐含波动率的价差正向预测股票的收益率，作者把这种预测能力归因为内部信息的交易。Patton 和 Sheppard（2015）发现未来的波动率更易受过去负收益的波动率影响，同时价格跳跃对波动率的影响取决于跳的符号，负的跳会在未来带来更高的波动率。Cremers 等（2015）通过构造可投资的期权组合，正交化地分离出指数波动率和跳跃风险。研究发现，股票对跳跃和波动率风险越敏感，未来的预期收益越低。两个标准差 jump（volatility）因子载荷的增加会使得未来的期望收益降低 3.5%~5.1%（2.7%~2.9%）。

1.3　期权市场的其他隐含信息相关研究

除了上述提到的矩信息外，期权市场还提供了其他信息。典型的有两类：一类是关于期权成交的价量信息，如看涨-看跌期权成交量比例（put-call ratio，PCR）、期权成交量和现货成交量比例（option/stock，OS）等；另一类是关于波动率形状的信息，这类信息和矩信息（尤其是期权隐含偏度）有着部分重合，如 IVS、波动率偏度（implied volatility skew）。这些信息对未来收益率的预测能力，通常来自内部消息的交易者，具体来说有两种解释：一种是拥有内部消息的交易者青睐期权市场的高杠杆，因此选择期权市场进行交易；另一种是由于现货市场存在的卖空限制，投资者可以利用期权来合成空头进行交易。Park 等（2019）提出一种度量隐含波动率曲面凸性的方法，他们的研究表明波动率曲面的凸性代表着风险中性测度下的尾部风险。他们基于 2000~2013 年美国证券市场股票期权的交易数据，发现低于隐含波动率凸性的股票组合和高于隐含波动率凸性的股票组合每月的收益率的差值超过 1%，研究证实拥有内部消息的投资者可以促进价格发现的过程。

在对期权价格和成交量信息的研究上，Pan 和 Poteshman（2006）发现期权成交量包含预测未来股票价格的信息。作者构造一个由买方新开仓构成的看涨-看跌期权成交量比例（put-call ratios，PCR）。具有较低 PCR 的股票在第二天跑赢较高 PCR 股票 0.14%，在接下来一周跑赢 1%。同时作者认为这种收益率可预测性来自期权交易者拥有的内部消息，而不是市场的无效。同时，在拥有内部信息交易者更多，以及期权合约杠杆比率更大的股票上，这种预测效果更强，但是作者使用的买方开仓的 PCR，市场上的投资者并不能观察到。Ge 等（2016）基于标记符号的期权成交量（signed option volume）研究成交量对股票收益率的影响，发现合成空头的期权交易相对于合成多头的期权交易并没有包含更多的信息。新开仓的买入看涨期权具有最强的收益预测能力，其次是卖出已购买的看涨期权仓位。这篇论文的结果支持了期权内嵌的杠杆是期权交易为什么能够预测未来收益率最重要的渠道。

前述的研究都使用期权交易方向的信息，而在公开市场上，投资者无法观测到期权的交易方向。Johnson 和 So（2012）则是使用没有标记交易方向的期权交易数据，构造期权/股票成交量比率（O/S），股票横截面的结果表明低 O/S 股票每周跑赢高 O/S 股票 0.34%（年化收益为 19.3%）。作者认为由于卖空成本的存在，具有内部消息的投资者通常会使用期权去交易坏消息，而不是好消息，高 O/S 表明负面的私人信息，而低 O/S 则表明正面的私人信息。

此外，期权市场和股票市场存在着联动，当执行完期权的交易后，期权市场的做市商会在股票市场进行对冲交易，以规避股价波动的风险。于是，交易不平衡会从期权市场传导到股票市场。Hu（2014）把股票订单的不平衡分解为期权交易引起的不平衡和其他情况引起的不平衡。研究表明，期权交易引起的不平衡能够显著预测未来的收益率，但是其他情况引起的不平衡却没有预测能力，因此期权交易的订单信息包含关于股票价值的重要信息。

在波动率形状的研究上，Han 和 Li（2020）利用横截面股票看涨和看跌期权的隐含波动率定义 IVS。作者发现 IVS 能够在日度、周度、月度和半年的频率上预测股票市场收益率。相对于现有的预测变量，IVS 提供增量的信息，同时它的预测能力在样本内外均显著。此外，IVS 可以预测未来一年内的宏观事件，收益率的预测能力主要集中在宏观事件发生日前后。作者认为，IVS 的预测能力来自期权市场中拥有内部信息的交易者。Cremers 和 Weinbaum（2010）认为偏离期权平价公式（put-call parity）包含未来股价的信息。作者发现具有更贵看涨期权的股票相对具有更贵看跌期权的股票平均每周跑赢了 0.5%。同时，具有更贵看涨期权的股票后续表现更好，更贵看跌期权的股票后续表现更差。上述现象并不能被卖空限制所解释。当期权的流动性更高，股票流动性较低时，上述预测效果更加显著；但反过来却没有预测效果。考虑公司规模之后，当股票面对更多信息风险时，期权价格更容易偏离严格的期权平价公式。作者认为上述现象来自错误定价，在样本观测期的后期，上述错误定价的效果显著减弱。

在 B-S 模型中，我们发现期权的价格决定方程里没有个股的收益，但 Ross（2015）却提出可以从期权的价格里复原出股票的预期收益，从期权价格里我们观察到状态价格的分布，而状态价格是风险规避程度（定价核）和物理概率分布的产物。上述推论被称为复原定理，其讨论如何将 Q 测度下的预期收益率转换成 P 测度下的预期收益率。Ross 提出的复原定理引起广泛的争议，Cuesdeanu 和 Jackwerth（2018）认为 Ross 提出的复原定理依赖于较强的假设，并利用 S&P 500 的数据发现复原出来的股票收益率和未来实现的回报率呈现负相关的关系。他们认为复原定理算法的数值不稳定性和约束条件不稳定性造成定价核和风险中性概率的较大偏差。Jensen 等（2019）在不依赖于时间齐次（time-homogenous）假设的前提下，推广 Ross 的复原定理。当到期日的数量多于观测的状态时，复原是可行的，同时他们的模型推导出一个解析的线性解。尽管如此，复原定理在实证上仍然遭遇挑战，推导出来的预期收益率并不能显著预测未来的收益率。

根据 B-S 公式，我们可以看到期权价格受到股票做空成本和分红率的影响，因此我们可以从期权价格中推导出隐含分红率和隐含做空成本。Bilson 等（2015）从 S&P 500 期权里推测出隐含分红率，并发现隐含分红率相较于历史数据估计出来的分红率，能够更好地预测未来的收益率。上证 50ETF 期权在 ETF 分红时，会调整行权价，从而我们不能从期权交易价格中推测出隐含分红率。Muravyev 等（2016）从期权价格中计算出隐含做空成本，其认为由于投资者需要构造合成空头（买入看跌期权，同时卖出看涨期权），作为做市商需要持有相反方向的仓位，为了对冲股票的波动，做市商同时需要融券来做空，由此推导出隐含做空成本。

在前述隐含矩信息的基础上，我们也可以推导出隐含 beta 和隐含相关系数。Chang 等（2011）在假定公司股票特有的偏度风险为零的情况下，同时使用股票和指数的隐含方差与偏度计算该股票的隐含 beta。基于历史信息估计出来的 beta 和期权隐含的 beta 都可以预测未来的 beta。Driessen 等（2009）同时基于指数及指数的成分股对应的期权，推导出隐含相关系数，并考察隐含相关系数的风险价格。

综上所述，无论是在理论模型方面，还是在定价应用方面，国外对高阶矩风险溢价的研究较多，而国内更多的是研究高阶矩风险溢价在定价方面的应用问题，缺乏理论模型的推导。此外，国内学者基于我国期权合约的价格数据对隐含信息方面的研究几乎是空白的。因此，本书将综合分析方差、偏度及高阶矩风险溢价的特征，挖掘国内期权价格中隐含的市场信息，同时本书还将进一步探究高阶矩风险溢价理论模型在我国期权市场的适用性，并且探讨高阶矩风险溢价对投资者风险规避程度的影响。研究结果将为资产定价、风险管理、投资决策及国内期权市场的进一步完善提供有益的理论依据与实证支持。

1.4 期权隐含信息和投资组合

选择正确的投资组合模型是任何基金经理成功的关键因素之一。虽然选择投资组合需要考虑一些基本的决定因素，但是数量方法已经被越来越多的学者和业界从业者应用到投资组合的选择中。Markowitz（1952）开创了投资组合选择的数量方法，提出著名的 M-V 模型。该模型表明，如果假设资产收益服从正态分布或者投资者的效用函数满足二次的条件，那么投资组合可以通过均值与方差的权衡来获得，即通过求解二次规划可以得到给定收益率下的风险最小的组合。后续的学者检验不同的风险度量方式，如绝对偏差、线性概率模型（linear probability model，LPM 模型）、极大极小模型及最大绝对偏差模型（余湄等，2013），但是 M-V 模型的假设条件在实际的投资环境里都是无法确保的。例如，该模型在实际应用中容易产生极端的权重问题、该模型适用于解决单期投资组合的选择问题、该模型采用方差对风险进行度量并不能很好地反映投资者面临的真正风险等，如 DeMiguel 等（2009a）发现没有任何一个基于小样本的 M-V 模型可以持续打败 1/N（等权重）组合。鉴于此，国内外学者们主要从以下几个方面对投资组合问题进行扩展和研究。

1. 与多期动态投资组合选择相关的研究

随着经典的投资组合理论（M-V 模型）应用于实践，投资者意识到如果仅仅考虑单期的资产组合选择并不能满足实际的需求。在对单期静态投资组合进行进一步研究和发展后，多期投资组合模型应运而生。此后，虽然有大量的学者开始研究动态模型，但是求解动态 M-V 模型始终存在巨大的困难。因此，动态 M-V 模型的研究也没有多大的发展和进步。直到 Zhou 和 Li（2000）提出连续时间的 M-V 投资组合，并运用随机微分方法给出有效前沿和解析解。Li 和 Ng（2000）的研究抓住多期动态资产组合选择中风险管理的实质，他们的研究指出，扩展马科维茨的思想到多期或者连续时间背景下最大的困难在于求解动态规划时财富的方差具有不可分性，他们通过把该问题转换为一个容易解决的辅助问题，推导出多阶段 M-V 模型的有效前沿的解析解。当然，在此之前，也有许多学者对动态投资组合的选择问题进行了大量的探究，如 Merton（1975）对多期动态投资组合模型进行研究。Richardson 和 Stock（1989）对 M-V 模型分别在动态和静态条件下进行检验，证明多期动态投资组合策略比静态的策略更优。Yu 等（2009）提出一种多期动态投资组合的最大绝对偏差模型，在该研究中，投资者被假定为寻求投资策略，以使他们终端财富最大化的同时将风险最小化，他们采用绝对偏差作为风险度量的模型，利用动态规划方法得到多期动态投资组合中的最优策略的解析解。区别于前人的研究，Yu 等（2012）将风险定义为终端财富的方差，总风险被定义为所有时期所有资产的最大绝对偏差总和的平均值，通过动态规划方法推导出动态投资问题的最优策略。Zhu 等（2004）采用混合分布来预测未来回报率的分布，提出一种新的投资组合选择框架，该框架在收益分布建模和投资组合优化中都具有双重鲁棒性。Gao 等（2000）首次将多重风险度量引入动态投资组合的选择中，研究连续时间下的动态均值-方差（conditional value at risk，CVaR）和 CVaR 问题，并给出这两个问题的解析解，类似的研究还有 Wang 和 Zhao（2016）、Zhao 和 Huchzermeier（2017）。DeMiguel 和 Nogales（2009）、Penev 等（2019）量化分析动态投资组合中的模型风险，在他们的研究中，模型风险被定义为投资组合中资产收益的潜在分布的不确定性而造成的损失，且采用相对熵来测量动态投资组合问题中的不确定性，利用最优鲁棒策略得到非线性方程组的解析解。Kang 等（2019）允许模型通过平均回报率的线性约束来捕获零净平差，这可以作为一个可处理的二次曲线程序。同时，采用非参数样条方法来校正模糊度，提出一种在分布模糊条件下的稳健均值 CVaR 动态投资组合选择模型。

此外，国内学者也对多期动态投资组合的相关问题进行了大量的研究，取得了许多优秀的成果。例如，吉小东和汪寿阳（2005）通过分析通货膨胀率、工资增长率、折现率和缴费率的波动对养老金资产和负债的影响程度，探讨我国养老金资产负债管理中的动态投资问题。许云辉和李仲飞（2008）、李仲飞和姚海祥（2014）利用动态规划方法求解有关最优投资策略和有效边界的解析形式。房勇和汪寿阳（2009）、余湄和汪寿阳（2009）分别基于模糊决策理论和线性规划理论研究带有成比例交易费用的动态证券投资组合优化问题。孙万贵（2006）、余敏秀等（2014）对于不确定和市场不完全情况下的动态投资组合问题进行研究，并求解有关动态 M-V 有效前沿和最优策略的解析式。王秀国和王义东（2014）通过对比分析完全市场条件下与非完全市场条件下的有效前沿变化和最优投资策略问题。周忠宝等（2015）将市场摩擦因素引入多阶段 M-V 投资组合模型中，提出一些新的算法，并验证模型和算法的有效性。张霖（2018）研究带跳的非广延金融市场模型中的均值-方差投资组合选择问题，该研究为证券市场中的投资者提供了动态投资选择问题中多种实用的途径和方法。郭范勇和潘和平（2019）先通过上升和下降 beta 来优选行业，然后在选择的行业中构造股票投资组合，研究基于 beta 系数优化的动态投资组合策略。

2. 基于不同风险度量工具的投资组合研究

随着研究的深入，许多学者指出方差并不是一个没有任何缺陷的风险度量工具。越来越多的学者认为，普通投资者考虑风险的分布可能是不对称的，这意味着经典的 M-V 模型只能给出一种近似的解决投资组合问题的方法。考虑到与额外回报风险相比，投资者往往更关心收益与预期回报的风险，于是很多学者提出其他的风险模型，其中具有代表性的有下半方差模型（Markowitz, 1952）、绝对偏差模型（Konno and Yamazaki, 1991）、最小化最大损失模型（Young, 1998）、LPM 模型（Bawa, 1975）、最大绝对偏差模型（Cai et al., 2000）。

以上模型的提出本质上在于不同的投资者对风险持有不同的态度，进而可以定义出不同的风险度量模型，这就引出一个问题，即如何判断一个模型的好坏，或者说如何说明新模型一定比旧模型更好。Simaan（1997）对 M-V 模型和绝对偏差模型进行比较，发现 M-V 模型和绝对偏差模型对于小样本（小观测样本是指资产数量较少）和具有高度风险容忍度的投资者来说，具有较精确的估计，而对于大样本和具有低风险容忍度的投资者来说，M-V 模型的下行风险估计更好。值得我们注意的是，用均值绝对偏差模型作为风险度量工具可以把投资组合问题转化为线性规划问题，这意味着线性规划方法可以作为解决金融动态投资组合问题强有力的工具［具体可参考 Yu 等（2006，2013）的研究］，该方法对于投资者来说也易于操作，最优策略可以通过计算机迅速获得。Cheng（2001）的研究进一步表明，很难对不同风险度量模型的好坏进行比较，最小化风险所得到的结果只在某个风险度量模型下成立，当一个风险度量方法下确定的最优组合用另一个风险模型来衡量时，往往不是最优的，并且认为任何试图发现最好投资模型的做法都是不可行的，除非找到一个通用的风险度量标准。

Byrne 和 Lee（2004）比较 M-V 模型、绝对偏差模型、最小化最大损失模型、LPM 模型及下半方差模型，提出比较不同风险度量模型下的投资组合的构成这一研究思路，而不是利用传统的风险与收益的比值来进行衡量。Yu 等（2006）讨论 M-V 模型、绝对偏差模型、最大绝对偏差模型及平均绝对偏差模型这四个模型的性质，并利用日本金融市场的数据进行实证分析。Lam 和 Lee（2009）比较 M-V 模型、绝对偏差模型、最小化最大损失模型及 LPM 模型，但是他们的研究仅仅给出这些模型下的均值、风险及夏普比率，并未真正讨论这些模型的性质特点。Yu 等（2013）研究五类具有代表性的投资组合模型：M-V 模型、绝对偏差模型、LPM 模型、最小化最大损失模型及最大绝对偏差模型，讨论不同的风险度量模型是否真的会造成资产配置的效果不同,与传统的从风险和收益的角度进行比较不同。有学者研究五类风险模型得到的最优策略结构,通过权重和重叠的资产数目来探讨不同模型间的相似程度,实证结果发现,不同的风险度量模型会对投资组合的构成造成非常显著的影响。此后,学者们对不同风险度量模型下的投资组合构建问题进行了大量的研究(Seyedhosseini et al.,2016;Yue et al.,2019)。

国内很多学者研究了这些风险度量模型在实际中的应用问题。例如,陆源和朱邦毅(2005)采用半方差模型来衡量下行风险(downside risk measure)。王延章等(2012)利用下半方差模型对债券投资组合问题进行研究。刘志新和牟旭涛(2000)研究最小化最大损失模型下的投资组合问题。姚海祥等(2015)分别利用下半方差和下半偏差度量下方风险,采用非参数估计方法,研究不允许买空时的均值-下方风险投资组合的选择问题。于孝建等(2018)将最大回撤和下半方差这两个风险指标纳入投资组合的分析框架中,提出基于风险资产滚动经济回撤约束和下半方差的最优投资组合策略。即使学者们对不同模型下的投资组合问题进行了大量的研究,但是 M-V 模型仍然是学术界和业界使用最广泛的资产配置模型。

3. 基于 B-L 模型的投资组合研究

M-V 模型虽然在现代投资理论中扮演极其重要的角色,但是在实际应用过程中,由于其对参数的敏感性过高,可操作性受到很大限制。例如,DeMiguel 等(2009b)、Jacobs 和 Levy(2010)研究认为 M-V 模型生成的权重对估计出来的股票期望收益非常敏感,这些投资组合在样本外也有着糟糕的表现。鉴于此,Black 和 Litterman(1992)基于贝叶斯方法提出一种替代性的投资组合优化模型(即 B-L 模型),该模型通过加权投资者主观观点及基准组合,在市场历史信息的基础上融入投资者的主观预期,使模型对输入参数的敏感性有明显降低的同时,投资绩效也有显著的改善,因而被学者 Satchell 和 Scowcroft(2000)、Herold 等(2005)、Jones 等(2007)、周亮和李红权(2019)广泛地应用到投资组合领域。Bessler 等(2017)比较 B-L 模型与其他资产配置模型的样本外绩效后发现,B-L 模型相对于其他投资组合模型可以获得显著且稳健的超额收益。李心愉和付丽莎(2013)、谭华清等(2018)研究 B-L 模型在我国资本市场上的可应用性问题,同样发现其对改善投资组合绩效起到重要作用。

然而,B-L 模型并不是一个完美无缺的模型,不同的主观观点会使模型绩效产生重大改变,因此有些学者将研究视角放在主观观点的选择和优化上。例如,Haesen 等(2017)采用不同经济周期下的资产历史收益作为主观观点;Fabozzi 等(2006)、Harris 等(2017)、谭华清等(2018)采用动量策略以形成主观观点;Fernandes 等(2012)采用动量及估值指标形成主观观点;等等。以后研究结果也表明,通过融入更加复杂的主观观点,对 B-L 模型绩效的改善是极其明显的。在现有相关文献中，大部分是以各资产的等权重组合构造 B-L 模型的市场基准，其中代表性的研究有 Pyo 和 Lee（2018）。此外，也有一部分学者采用其他方法来构造基准组合，如 Haesen 等（2017）采用风险平价组合作为基准组合，使模型绩效得到一定程度的提高。基于以上研究，周亮和李红权（2019）采用战术资产配置策略、等权重组合、均值方差组合、最小化方差组合、最小化 CVaR 组合及风险平价组合分别作为基准组合，探讨不同基准组合对 B-L 模型绩效的关键作用，研究结果表明采用战术资产配置组合为基准的 BL-Faber 模型获得显著超过其他组合的绩效，这进一步验证市场基准组合对 B-L 模型绩效的关键性作用。

4. 对构建投资组合绩效评价指标的研究

国外对构建投资组合绩效评价指标的研究由来已久，Roy（1952）第一次提出使用风险报酬指标来评价投资组合策略表现，通过将投资组合收益率与投资者认定的保守收益水平（reserve return）进行比较，得到风险报酬指标，从而对投资组合的绩效进行评价。虽然该方法首次给出评价投资组合绩效的思路，但是假设条件过于严苛，导致该方法在实际应用中遭到学者们的质疑。鉴于在评价投资组合的绩效表现时，不能单纯地依赖收益率的高低，还需要考虑对应的风险水平，Sharpe（1994）在 M-V 模型的基础上提出衡量单位风险报酬的夏普比率，该指标一经提出就以其能全面衡量风险收益而成为投资者评价投资组合绩效的"黄金指标"。Ornelas 等（2012）也提出多种评价方法来评价投资组合的性能。

随着夏普比率在实践中被投资者广泛使用，人们逐渐发现夏普比率仍然存在一些不足。例如，夏普比率在理论上假设投资组合的收益率序列需要满足正态独立同分布，但在实际中收益率序列一般满足有偏态的非正态分布（Brooks and Kat，2002），如果盲目使用夏普比率将会造成严重的后果，de Prado 和 Peijan（2004）的研究表明在对冲基金策略中使用夏普比率会导致大量极端风险被忽视。另外，夏普比率还容易受到人为操纵或处理，这主要是因为实际计算得到的夏普比率只是一个点估计值，它会极大地受到来自不同统计特征的样本量的影响，如样本收益为非正态分布或数据间隔过少会导致计算得到的夏普比率出现"虚高"，进而对投资者产生误导。Ingersoll 等（2007）的研究发现，通过人为操纵或处理具有升值潜力的资产，可以创造出一个满足左偏高风险分布的收益率序列，进而拉高投资组合的夏普比率值，继续使用这样的夏普比率来评价投资组合的绩效将会使得到的结果失去合理的意义。

鉴于传统的夏普比率在实际使用中存在"虚高"的现象，如何改进夏普比率构建更加恰当的投资组合评价指标成为学界和业界共同关注的热点问题。例如，Sortino 和 Price（1994）使用下限风险（downside deviation）取代夏普比率中的标准差。Morey 和 Vinod（2001）为计算当使用夏普比率时存在的抽样误差，使用自助法（Bootstrapping methodology）从原始收益率样本中重新生成许多再生样本，用再生样本来估计风险，得到"Double Sharpe Ratio"理论。Mahdavi（2004）利用调整的夏普比率代替传统的夏普比率对投资组合进行评价。Pézier 和 White（2006）使用经偏度和峰度调整后的夏普比率来测度投资组合的绩效，即通过在夏普比率中加入与偏度和峰度相关的惩罚因子来修正传统夏普比率出现的误差。Fernandes 等（2012）提出用模型绩效（通常以夏普比率来代表）、投资组合的分散程度（通常以组合权重 Herfindahl 指数来代表）、资产配置的稳定性（通常以换手率来代表）来对投资组合的绩效进行评价。

同国外学者对夏普比率的针对性研究相比，国内学者更侧重将夏普比率作为工具来分析基金业绩和市场表现。张新和杜书明（2002）使用传统的夏普比率对我国 22 只证券投资基金及等权重基金组合的绩效表现进行全面的衡量，认为我国证券投资基金很难保持连续超越市场平均水平的能力。孙静和邱菀华（2003）在传统夏普比率的基础上提出推广的夏普准则，该准则放宽对投资组合自相关的要求，但是同样受到 M-V 模型的假设限制，因此当样本收益率不满足正态分布时，利用该准则计算的结果仍会产生较大的误差。李红权和马超群（2004）通过引入基于主动投资风险和风险价值调整后的两个夏普比率的新指标，对我国证券投资基金的业绩进行衡量，发现基金组合在熊市中具有较强的抗跌性。叶志强等（2010）使用夏普比率来衡量我国企业债券市场与股票市场在风险与收益上的综合表现，研究发现在牛市里企业债券市场的夏普比率与股票市场的夏普比率关系不确定；而在熊市里或一个较长的时间段内，企业债券市场的夏普比率将高于股票市场的夏普比率。杨爱军和孟德锋（2012）在预期效用理论的框架下通过研究投资者对高阶矩的偏好，提出高阶矩的广义夏普比率，通过实证检验发现即使基金收益率序列不服从正态分布，基于高阶矩的广义夏普比率与传统夏普比率得到的排名基本一致，说明传统夏普比率在我国投资基金绩效排名中仍然适用。

从国内外关于夏普比率和有效前沿的研究成果上看，国内对夏普比率的研究更侧重夏普比率在现实环境中的应用，对夏普比率本身的研究较少。相比之下，国外的研究主要集中在夏普比率的改进上，通过改善风险度量的精度或加入调整系数等方法来提高夏普比率在实际使用中的准确度，这样虽然能避免夏普比率在实际使用中出现的误差，但传统夏普比率所具有的计算简便、普遍适用的优势却丧失了。鉴于此，余湄等（2014a）提出从概率角度对夏普比率进行改进，进而构建评价投资组合绩效的全新指标——夏普概率值，该指标计算简洁，所需变量较少，在有效地降低夏普比率估计误差的同时，不会带来过多复杂的计算。同时，夏普概率值的假设条件简单，仅需收益率序列满足平稳性条件，所以该指标适用于绝大多数情况。此后，夏普概率值这一指标被广泛地应用到投资组合的绩效评价中，具体可见胡安幸和戴亮（2017）、林鼎瀚等（2019）的研究。

5. 基于期权隐含信息的投资组合研究

尽管目前为止关于投资组合模型有很多出色的研究成果，但是这些研究成果在实际应用中仍然遭遇到一些挑战，如 M-V 模型在实际中的表现比最简单的等权重（给投资组合中的资本取相同的权重）组合更差、B-L 模型对基准组合的依赖性较强（不同的投资者会选择不同的基准组合），且目前并没有统一的标准对各种风险度量模型的优劣性进行评价等。Brandt 等（2009）把股票横截面的特征也考虑进来。DeMiguel 等（2009a）试图解释以上这些具有代表性的投资组合模型在实际应用中失效的具体原因，他们的研究结果表明，因为在实际中我们是基于有限的历史数据去估计收益的均值、方差及协方差矩阵的，那么估计偏差会极大地影响最优权重的选择。

鉴于期权的隐含信息在一定程度上反映投资者对未来的预期，因而从期权隐含信息出发，我们可以减少 M-V 模型中利用历史数据对参数进行估计而导致的误差。DeMiguel 等（2013）发现引入期权隐含的波动率、风险溢价和偏度都是可以显著提高投资组合的表现。Kempf 等（2015）发现引入期权隐含信息之后，最小方差模型显著跑赢等权重模型。作者把这种优秀的表现归因为危机期间密集的信息流动和高度信息不对称。Aït-Sahalia 和 Brandt（2008）利用期权价格隐含的信息推导出标的资产价格的边际分布，进而利用该分布来刻画消费和投资组合的规则，研究动态消费和投资组合选择问题。该研究虽然利用期权的隐含信息来构建消费和投资组合问题，但是没有推导出资产价格的联合概率分布，所以仍然采用历史数据对相关系数的系数进行估计。Kostakis 等（2011）验证了期权隐含信息可以有效地优化市场指数和无风险资产的配置。Kostakis 等（2011）利用期权价格的前瞻性信息对投资组合问题中的收益及其投资优化问题进行研究。那么以上这些研究方法到底能否显著提高投资组合的配置效率呢？Alexander 等（2016）的研究验证了期权隐含信息在一定程度上可以有效地提高资产组合的配置效率，他们选取道琼斯及其成分股，通过一个巧妙的设定，探究在完全利用期权隐含信息的条件下，基于最小方差模型测试一揽子股票的组合收益，结果发现投资组合的配置效率比道琼斯指数和等权重组合的效率更高，类似的研究还有 Liu 等（2019）、Ammann 和 Moerke（2019）。

虽然国内外学者对投资组合的构建、风险度量方式及绩效评价等问题进行了大量的研究，但是这些研究主要集中在对传统马科维茨模型的改进上，为数不多的国外学者尝试采用期权价格的隐含信息来构建投资组合，但是这些研究尚处于尝试阶段，并且几乎没有学者基于国内期权价格的隐含信息研究投资组合的构建问题。为此，本书首次将国内期权价格的隐含信息与投资组合理论相结合，研究多元化投资组合的构建问题，并采用多种指标从不同的角度来检验期权价格的隐含信息能否显著提高投资组合的配置效率。这些研究无论是对个体投资者，还是对机构投资者都有重要的实践意义，因为随着中国对外开放步伐的不断加快和进一步融入全球市场，越来越多的国内投资者将会选取多元化的资产组合来进行套期保值与风险对冲。

1.5 关于上证 50ETF 期权的相关研究

在 2015 年上证 50ETF 期权推出之前，由于国内没有直接交易的场内期权产品，国内的大部分研究主要是利用台湾或者香港市场交易的期权数据，如郑振龙和郑国忠（2017）基于台湾股票市场加权指数及台股期权数据研究高阶矩风险溢价，探索其信息含量和影响因素。陈蓉等（2016）利用台湾市场的数据计算期权隐含 SRP[①]。

上证 50ETF 期权推出后，一方面由于 2015~2016 年股灾期间市场剧烈波动；另一方面期权市场处于发展的早期，上证 50ETF 期权和成熟市场表现出一定的差异。根据我们掌握的文献，一部分学者以中美期权市场的对比作为切入点，讨论中国期权市场的定价效率。郑振龙和秦明（2018）基于中美两国期权交易的数据，比较隐含波动率和实际波动率的关系，其认为中国期权市场在相对定价维度上是无效的，即低行权价的期权被低估，而高行权价的期权被高估。丛明舒（2018）从期权隐含方差的角度比较中美两国市场，结果表明期权隐含方差应该和未来的股权溢价正相关，但中美的实证结果相反。同时，中国市场隐含方差和实现方差的比值要显著低于美国。样本选择的限制导致上述结果，其选取的数据范围为 2015 年 2 月 9 日到 2017 年 4 月 30 日，数据区间较短，且 VIX 指数来自上海证券交易所公布的中国波动率指数。X. Huang 等（2020）基于上海证券交易所、HKEx（Hong Kong Stock Exchange，香港交易所）、CBOE 三个市场交易的 A 股 ETF 对应的期权进行研究，结果发现波动率溢价在三个市场内存在着相似的模式，即波动率溢价在市场崩盘期间显著为负，然后在崩盘平复之后快速变正，之后再逐渐变小。Yue 等（2019）检查上证 50ETF 期权隐含波动率的形状。美国以及其他国际市场的隐含波动率通常是左偏（left skewed）的，而上证 50ETF 期权却是右偏（right skewed）的。在 2015~2016 年股灾期间，右偏的程度更加强烈。作者发现隐含波动率的形状可以被投资者情绪所决定。我们认为随着中国期权市场的快速发展，其和成熟市场的差距将变小。

---

① 郑振龙和郑国忠（2017）、陈蓉等（2016）在论文里将 risk premium 翻译成风险溢酬。本书将 risk premium 统一翻译成风险溢价。两者具有相同的含义。

另外一部分学者则基于上证 50ETF 期权数据，从投资者情绪、卖空限制、收益率预测等角度挖掘出中国市场的独特特征。胡昌生和程志富（2019）从上证 50ETF 期权中提取隐含偏度，研究发现，期权隐含分布的左偏程度和市场的非理性情绪紧密相关，即非理性情绪越高涨，那么隐含分布左偏的趋势也就越明显。Yu 等（2019）基于上证 50ETF 期权数据探究非线性对冲是否在中国期权市场上更有效，研究结果发现非线性对冲对看涨期权有效，而对于看跌期权并不显著。作者归因于中国市场较高的卖空成本，认为卖空限制导致看涨期权和看跌期权具有差异较大的成交量。Liu 等（2019）研究上证 50ETF 期权市场的价格发现行为。期权不符合边界条件，通常被认为市场无效。在上证 50ETF 期权市场中，违反边界条件可以预测未来的收益率，同时影响价格发现的过程。Li 等（2019）基于上证 50ETF 期权 iVIX 日内交易的数据，发现在市场存在较大幅度下跌的时候，iVIX 可以作为"恐慌指数"的度量。期权定价模型的关键在于确定合适的波动率，Huang 等（2019）利用上证 50ETF 期权交易数据测试一组离散时间下波动率模型的表现。研究发现基于已实现测度的方法显著跑赢传统基于日度数据的 GARCH 模型。和美国市场不一样的是，中国期权市场的杠杆效应较弱。

总的来说，目前国内对上证 50ETF 期权定价的研究还处在非常早期的阶段。由于上证 50ETF 期权的推出时间较晚，相关的研究选取的时间段差别较大。特别是 2015 年，期权市场处于发展的早期阶段，同时市场发生剧烈的波动。部分论文研究的结论，在后续的时间内可能并不成立。

1.6 相关研究总结

通过对国内外文献的综述和分析，我们可以得出如下的几个结论。

（1）现有期权定价模型的研究框架主要有以下两个：一个是在传统的有效市场理论框架下；另一个是在分形市场理论框架下。主要的研究思路也可以分为两个：一个是对传统的 B-S 模型的假设条件进行放松；另一个是采用各种计量模型对标的资产价格的波动率进行建模。但是，现实金融市场是一个错综复杂的系统，采用单一的随机过程来刻画金融资产价格的动态变化或单纯利用计量模型对波动率进行建模都难以准确地刻画金融市场的实际情况，这导致现有期权定价模型的复杂度有余，但精确度不高。此外，特别值得注意的是，为了简化期权定价模型的推导过程，大多数学者假设市场是无摩擦的（或完备的），即证券交易中不存在交易费用、保证金、印花税等，也假设标的资产在存续期间没有任何形式的红利支付，这些假设明显不符合金融市场的现实情况，进一步造成现有期权定价模型误差较大的结果。

（2）对期权隐含信息的挖掘是一个比较新的话题，目前国外学者都是基于发达证券市场的期权价格数据对这类问题进行研究的。高阶矩风险溢价通常存在于发达证券市场，且我国期权产品的交易起步较晚、产品种类比较单一、期权市场的流动性不高，因此国内学者对高阶矩风险溢价的理论的研究较少，仅有极少数学者探究高阶矩风险溢价在实证期权定价中的应用问题，但这些研究全部采用中国台湾和香港的金融市场数据，很少有学者采用国内期权合约的价格数据对期权价格隐含的信息进行挖掘。在国内期权产品合约数量和标的种类不断增加、证券市场的深度和广度不断加深的背景下，如何结合期权定价模型对国内期权价格中隐含的信息（收益率、方差、偏度、峰度及各种高阶矩）进行挖掘，如何利用这些信息预测资本市场的未来走势，都是值得我们深入研究的问题，但是很少有文献对这些问题进行系统的研究。

（3）马科维茨模型被人诟病的原因在于构建的投资组合难以理解、过于集中、对输入的参数过于敏感及估计误差较大等。B-L 模型作为 M-V 模型的一种扩展，由于其削弱对输入参数的高度敏感性而受到投资者的广泛青睐，但是 B-L 模型也并非一个十分完美的投资组合模型，很难对该模型中投资者对某项资产的主观预期进行统一的度量，因为不同的投资者对同一资产的主观预期并不相同。随着投资组合理论的不断发展和金融衍生产品种类的不断增加，学者们提出期权合约的价格数据中隐含丰富的市场信息，对这些隐含信息的挖掘可以帮助投资者预测标的资产价格的收益率和波动率，进而构建多元化的投资组合，但是目前这类研究仍处于起步阶段，很少有学者将金融衍生产品价格的隐含信息与投资组合理论相结合（具有代表性的 MV 和 B-L 模型），也很少有学者对期权价格的隐含信息能否显著改善投资组合的绩效进行系统检验。

2000 年以来，随着数据获得性以及计算机运算性能的发展，针对期权的学术研究逐渐从数理模型导向转移到实证导向。针对期权定价的理论模型发展已经相对成熟，同时学者们拥有更多的数据去开展实证研究。在实证导向的期权研究中，我们把市场交易出来的价格作为给定变量，通过提取隐含信息的方式，考察其收益率预测能力。期权隐含信息的收益率预测能力，一方面来自期权市场度量市场的风险价格；另一方面拥有更多内部信息的投资者倾向于在期权市场上进行交易。有大量的文献发现，VRP、隐含偏度、IVS、隐含做空成本等变量可以在时间序列和横截面上预测未来收益。关注收益率可预测性可以帮助学术界修正现有的资产定价模型，也有益于业界主动的资产管理获取超额收益。

同时，期权隐含信息也有助于投资组合选择。在均值-方差框架下的投资组合里，我们需要估计资产的预期收益率和协方差矩阵。单纯基于历史信息的估计会生成极端的权重，而借助于期权市场隐含的前瞻性信息，我们期望能够获得可投资的权重。

由于国内期权市场尚处于发展的早期,实证期权定价相关的研究覆盖不足,部分研究的结论更换到更长的区间内并不稳健成立。以 A 股上证 50ETF 期权市场的研究,一方面集中在检验国外研究结论在中国市场的有效性,如 VRP 能否预测未来的收益,期权定价模型能否解释期权价格;另一方面相关研究试图在中国的制度背景下,解释市场的异象。在本书接下来的研究中,我们试图兼顾上述两个方面,讨论相较于海外市场中国市场期权隐含信息的相同和不同之处。本书的研究试图提供一个相对全面的考察,以期为当前快速发展的期权市场提供更多的经验证据。

第 2 章　VRP 在我国股票市场的检验

2.1　上证 50ETF 期权

随着多层次资本市场建设的推进，我国金融市场创新步伐加快，以期权为代表的结构化衍生金融产品的推出让投资者有更多的风险对冲工具。表 2.1 为我国场内期权市场发展回顾。2015 年 2 月 9 日首只场内 ETF 期权发布以来，期权市场快速扩容。我国即将迎来期权市场发展的黄金年代。期权品种既包括场内金融期权，也包括商品期货期权。从支持实体经济的角度，商品期货期权得到更大的发展。从 2016 年到 2020 年初，陆续有 11 只商品期货期权推出。相较于期货，期权占用更少的资金，以及具有更灵活的风险管理策略，因此受到市场主体（尤其是产业资本）的欢迎。在 2015 年上证 50ETF 期权推出之后，金融期权的发展相对缓慢。直到 2019 年 12 月 23 日，以沪深 300ETF 和期货为合约标的期权分别在三个交易所上市，极大地丰富了金融期权选择的范围。由于多数期权上市时间较晚，本书的研究范围局限在首只上市的上证 50ETF 期权。

表 2.1　我国场内期权市场发展回顾

时间	事件
2015 年 2 月 9 日	"上证 50 交易型开放式指数证券投资基金"期权正式在上海证券交易所上市交易
2016 年 11 月 28 日	上海证券交易所和中证指数公司发布上证 50ETF 波动率指数
2017 年 3 月 31 日	豆粕期货期权在大连商品交易所上市交易
2017 年 4 月 9 日	白糖期货期权在郑州商品交易所上市交易
2018 年 9 月 21 日	铜期货期权在上海期货交易所上市交易
2019 年 1 月 28 日	玉米期权在大连商品交易所、棉花期权在郑州商品交易所、橡胶期权在上海期货交易所上市交易
2019 年 12 月 9 日	铁矿石期权在大连商品交易所上市交易

续表

时间	事件
2019年12月11日	PTA期权、甲醇期权在郑州商品交易所上市交易
2019年12月20日	黄金期权在上海期货交易所上市交易
2019年12月23日	华泰柏瑞沪深300ETF期权在上海证券交易所上市；嘉实沪深300ETF期权在深圳证券交易所上市，沪深300股指期货期权在中国金融期货交易所上市
2020年1月16日	菜籽粕期权在郑州商品交易所上市交易

资料来源：根据交易所公开公告整理

上海证券交易所于2015年2月9日正式上线第一只场内期权上证50ETF期权。根据上海证券交易所发布的报告，2018年全年累计成交3.16亿张，日均成交130.13万张；年末持仓195.87万张，日均持仓181.77万张；累计成交面值8.35万亿元，日均成交面值343.82亿元；累计权利金成交1797.66亿元，日均权利金成交7.40亿元。投资者人数稳步增长，年末期权投资者账户总数达到30.78万户。上证50ETF期权作为一个风险管理工具，在一定程度上满足市场参与者的需求，因而得到快速增长。上证50ETF期权已经成为全球规模最大的ETF期权之一。相比于远期、期货等衍生工具，期权的非线性损益结构使得其在风险管理、投资组合方面具有独特优势。

表2.2给出上证50ETF期权的合约细节。合约标的是上证50ETF，而上证50ETF则追踪了上证50指数。上证50指数反映了上海市场规模大、流动性好的50只股票。此外，当上证50ETF分红时，上海证券交易所会调整期权的行权价，同时会新挂牌9只除权后行权价的期权。通常来讲，分红后，新挂牌期权流动性要好于除权的旧期权。监管层为了鼓励投资者使用期权的保险功能，在买卖类型中加入了备兑开仓。一个典型的"备兑开仓"头寸通常包括持有上证50ETF，同时卖出看涨期权。

表2.2 上证50ETF期权的合约细节

合约条款	合约细节
合约标的	上证50交易型开放式指数证券投资基金（"上证50ETF"）
合约类型	认购期权和认沽期权
合约单位	10 000份
合约到期月份	当月、下月及随后两个季月
行权价格	9个（1个平值合约、4个虚值合约、4个实值合约）

续表

合约条款	合约细节
行权价格间距	3元或以下为0.05元，3元至5元（含）为0.1元，5元至10元（含）为0.25元，10元至20元（含）为0.5元，20元至50元（含）为1元，50元至100元（含）为2.5元，100元以上为5元
行权方式	到期日行权（欧式）
交割方式	实物交割（业务规则另有规定的除外）
到期日	到期月份的第四个星期三（遇法定节假日顺延）
行权日	同合约到期日，行权指令提交时间为9:15-9:25，9:30-11:30，13:00-15:30
交收日	行权日次一交易日
买卖类型	买入开仓、买入平仓、卖出开仓、卖出平仓、备兑开仓、备兑平仓及业务规则规定的其他买卖类型

注：以上节选于上海证券交易官网

为了防止市场的过度投机，上海证券交易所设立严格的合格投资者制度。投资者想要开通期权的权限不但需要股票账户里拥有足够的市值（过去20个交易日股票账户日均市值大于50万元），而且需要通过期权基础知识的测试。因此机构投资者和超级散户主导期权市场，大量的散户投资者无法参与期权市场。个人投资者贡献股票市场超过80%的交易量，而机构投资者只贡献不足20%。在期权市场上，个人投资者贡献40%的成交量，机构投资者贡献60%的成交量。

VIX被广泛地用于市场情绪的度量，又被称为"恐慌指数"。上海证券交易所曾短暂地推出过中国的VIX指数。根据中证指数的编制方案，上证50ETF波动率指数是基于上海证券交易所挂牌的50ETF期权合约编制而成的，反映投资者对未来30天50ETF波动率的预期。上证50ETF波动率指数展期时间为7天。满足剩余到期天数超过7天的最近到期合约为近月合约，次近到期合约为次近月合约，两者隐含波动率分别为近月与次近月波动率。

近月波动率的计算公式如下：

$$\sigma_1^2 = \frac{2}{T}\sum_i \frac{\Delta K_i}{K_i^2} e^{RT} P(K_i) - \frac{1}{T}\left[\frac{F}{K_0} - 1\right]^2 \quad (2.1)$$

其中，σ_1 为近月波动率；T 为 $\dfrac{NT}{N_{365}}$，NT 为近月合约剩余到期时间（以分钟计）；R 为上海证券交易所采用的无风险利率；F 为 $S + e^{RT}(\text{Call} - \text{Put})$，$S$ 为认购期权价

格与认沽期权价格相差最小的执行价；K_0 为小于 F 且最接近 F 的执行价；K_i 为由小到大的所有执行价（$i=1,2,3,\cdots$）；ΔK_i 为第 i 个执行价所对应的执行价间隔，一般为 $\frac{K_{i+1}-K_{i-1}}{2}$。$P(K_i)$ 的取值规则如下：若 K_i 小于 K_0，为 K_i 对应的认沽期权价格；若 K_i 大于 K_0，为 K_i 对应的认购期权价格；若 K_i 等于 K_0，为 K_i 对应的认沽期权和认购期权价格均值。

次近月波动率的计算方法与近月波动率一致。当特殊行情导致执行价覆盖不充分时，将通过 BS 公式填充部分虚拟执行价合约，并代入近月与次近月波动率的计算。完成近月波动率 σ_1 与次近月波动率 σ_2 的计算之后，采用式（2.2）计算上证 50ETF 波动率指数：

$$\text{VIX} = 100 \times \sqrt{\left\{T_1\sigma_1^2\left[\frac{NT_2-NT_{30}}{NT_2-NT_1}\right]+T_2\sigma_2^2\left[\frac{NT_{30}-NT_1}{NT_2-NT_1}\right]\right\}\times\frac{N_{365}}{N_{30}}} \quad (2.2)$$

若近月合约到期日天数不小于 30 天，则不使用次近月波动率，VIX 为近月波动率乘以 100。

上述计算方法不依赖任何模型。在我们接下来针对方差溢价的研究中，我们参考 Bakshi 等（2003）的方法提取隐含波动率，在本质上和上海证券交易所计算上证 50ETF 波动率指数的方法是一样的。上海证券交易所公布的上证 50ETF 波动率指数覆盖的区间为 2015 年 2 月到 2018 年 3 月。图 2.1 为上证 50ETF 波动率指数走势图。

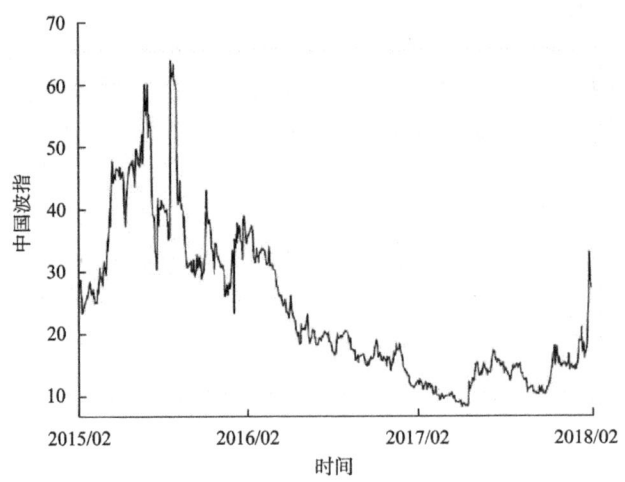

图 2.1　上证 50ETF 波动率指数走势图

从图 2.1 中我们可以看到，在 2015~2016 年，上证 50ETF 波动率指数保持较高的水平，一度超过 60，这表明在当时市场对未来 30 天的预期年化波动率为 60%。

随着市场预期的修复，上证 50ETF 波动率指数在 2016~2017 年逐渐回落。遗憾的是，上海证券交易所并未持续公布上述指数，因此接下来我们需要采用 BKM 的方法重新计算隐含波动率。

2.2　VRP 的计算

2.2.1　VRP

投资者在证券投资时面临两类风险：一类是收益率的不确定性，可以用收益率的方差来衡量；另一类则是收益率方差的不确定性，可以用收益率方差的方差来衡量。研究期权隐含风险（如方差风险、偏度风险）能够帮助投资者更好地进行投资组合管理和风险对冲。已有的金融实证研究表明，波动率（收益率标准差）是随机的，当波动率上升时，市场面临着下行压力。出于对波动率风险的厌恶以及提前规避经济不确定性的动机，市场投资者对于波动率风险的管理存在一定的需求，通过进入期权多头或者购买方差互换合约可以有效地对波动率风险进行管理。

在二阶矩的维度，我们选择 VRP 来刻画收益率波动的波动。VRP 可以理解成投资者在 Q 测度下对未来风险的预期减去 P 测度下的已实现波动率。其中，投资者在 Q 测度下对未来风险的预期可以采用上述的 VIX 指数来表示。这个指数在一定程度上反映投资者的风险规避程度。大量实证研究表明，期权的隐含方差要高于已实现方差，反映出投资者使用期权对冲波动率风险的需求，愿意为此支付更高的费用，这同时也是 VRP 重要的经济学含义的体现，Bollerslev 等（2011）认为 VRP 和投资者的风险规避程度成比例，利用 S&P 500 期权的交易数据，可以近似地认为 VRP 的负值等于美国投资者的风险规避程度。此外，Bakshi 和 Kapadia（2003）使用 S&P 500 指数期权，通过构造 Delta 对冲组合进行相应的实证检验，实证结果表明投资者厌恶波动率风险，并使用期权来进行波动率风险的对冲。

投资者出于风险规避的考虑，通常会在期权市场购买期权，作为投资组合的保险。因此，期权价格一直存在着系统性的高估，如 Bakshi 和 Kapadia（2003）发现 S&P 500 指数期权隐含的波动率要高于实际发生的波动率。在国外，方差风险的研究非常全面和充分，首先，对 VRP 的估计，如 Carr 和 Wu（2009）提出的方法，利用一揽子价外期权来构造方差互换比率，进而度量出 VRP。Bollerslev 等（2011）基于无模型约束和期权隐含波动率的矩条件估计出 VRP。其次，按照

VRP 的定义，我们可以构造出类似的指标，如 VRP_D、SRP。Feunou 等（2018）使用高频交易数据把 VRP 进行分解，定义了一个 VRP_D。VRP_D 是 VRP 的主要构成成分。此外，VRP 具有一系列重要的经济学含义，它可以作为投资者风险规避程度的代理变量。据此，有很多文献关注 VRP 对股票收益的影响，Bali 和 Zhou（2016）提出包含风险和不确定性的条件资产定价模型，表明股票组合对市场和不确定性因子具有正的风险溢价。VRP 广泛存在于期权市场中，相当一部分文献关注不同国家、不同市场的 VRP，如 Qiao 等（2019）检查新兴市场国家的 VRP。由于上证 50ETF 期权的推出时间较晚，目前对 VRP 的研究还处在非常早期的阶段。

当 VRP 的数值为正时，我们可以认为投资者是风险规避者，愿意为波动支付更高的保险费。此外，正的 VRP 也保证投资者可以通过卖出波动率策略来增强收益，前述提到的备兑开仓是一个典型的卖出波动率策略。中国市场散户贡献现货市场绝大多数的成交量，期权市场和现货市场的参与者结构存在显著差别，因此让我们有兴趣去研究期权市场的参与者是否厌恶不确定性，即我们检查 VRP 在中国是不是显著为正。期权交易的信息中蕴含投资者的行为特征，我们可以通过计算 VRP 和 Delta 对冲组合收益来判断投资者是否厌恶波动率风险。

2.2.2 变量定义和模型框架

我们沿着 VRP，定义出一系列二阶矩和三阶矩的隐含信息。此外，向上波动的方差和向下波动的方差存在较大的差别。投资者真正厌恶的是向下波动的方差，在实证研究里，日内高频交易数据定义出向上已实现波动率和向下已实现波动率，进而计算出 VRP_U 和 VRP_D。按照 Feunou 等（2018）[①]的推导，上行风险溢价减去下行风险溢价，得到对应的 SRP。此外，包括 Delta 对冲在内的期权策略回测结果可以用来佐证 VRP 的符号。

VRP 由已实现波动率和期权隐含波动率两部分的差值构成，同时我们把风险区分为向上和向下的风险，并据此构造出 VRP_U 和 VRP_D。

1. 已实现波动率

我们可以根据上证 50ETF 的对数价格 p_t，利用无模型方法计算出 $t-1$ 到 t 间隔的已实现波动率：

[①] 感谢论文 Downside variance risk premium 的作者 Feunou 和 Jahan-Parvar 提供的程序。通过和作者计算的 VRP 比较，交叉验证之后保证本书结果的准确性。

$$RV_t = \sum_{j=1}^{n}\left(p_{t-1+\frac{j}{n}} - p_{t-1+\frac{j-1}{n}(\Delta)}\right)^2 \quad (2.3)$$

其中，当 n 趋向于无穷时，RV 为定义的已实现方差。然而在文献中，如 Andersen 等（2001）通常使用日内的高频数据来计算已实现波动率，它比传统使用历史收盘价来估算隐含波动率的方式提供更好的估计结果。

同时我们也可以给定一个阈值 κ（通常取为 0），把已实现波动率分解为向上已实现波动率和向下已实现波动率。我们参考 Feunou 等（2018），日内的向上和向下波动率分别可以通过式（2.4）和式（2.5）来定义：

$$RV_t^U(\kappa) = \sum_{j=1}^{n_t} r_{j,t}^2 I_{[r_{j,t}>\kappa]} \quad (2.4)$$

$$RV_t^D(\kappa) = \sum_{j=1}^{n_t} r_{j,t}^2 I_{[r_{j,t}\leqslant\kappa]} \quad (2.5)$$

假如我们要计算一段时间 h 的已实现波动率，涉及隔夜的收益率（即前一天收盘价和第二天开盘价之间的差值），若隔夜收益率大于阈值，我们就把它加到向上已实现波动率里；若小于阈值，则它就被加到向下已实现波动率里。

$$RV_{t,h}^U(\kappa) = \sum_{j=1}^{h} RV_{t+j}^U(\kappa) \quad (2.6)$$

$$RV_{t,h}^D(\kappa) = \sum_{j=1}^{h} RV_{t+j}^D(\kappa) \quad (2.7)$$

$$RV_{t,h}(\kappa) = \sum_{j=1}^{h} RV_{t+j}(\kappa) = RV_{t,h}^D(\kappa) + RV_{t,h}^U(\kappa) \quad (2.8)$$

通过这样的构造方式，已实现波动率就可以被分解为向上已实现波动率和向下已实现波动率。

根据 Patton 和 Sheppard（2015）的研究，向上已实现方差和向下已实现方差的差值可以定义为已实现偏度（realized skewness），那么 t 到 $t+h$ 之间的已实现偏度可以定义为

$$RSV_{t,h}(\kappa) = RV_{t,h}^U(\kappa) - RV_{t,h}^D(\kappa) \quad (2.9)$$

2. 期权隐含方差

我们基于 Carr 和 Wu（2009）的公式，利用一揽子价外期权来构造一个方差互换比率（即已实现波动率在 Q 测度下的期望）：

$$IV = E_t^Q(RV_{t,T}) = \frac{2}{T-t}\int_0^\infty \frac{\Theta_t(K,T)}{B_t(T)K^2}dK \quad (2.10)$$

同时，这个方差互换比率，也可以分解为向上方差互换比率和向下方差互换比率：

$$\mathrm{IV}_{t,T}^{\mathrm{U}} = E_t^{\mathrm{Q}}\left(\mathrm{RV}_{t,T}^{\mathrm{U}}\right) = \frac{2}{T-t}\int_{F_t\exp(\kappa_F)}^{\infty}\frac{\Theta_t(K,T)}{B_t(T)K^2}dK \quad (2.11)$$

$$\mathrm{IV}_{t,T}^{\mathrm{D}} = E_t^{\mathrm{Q}}\left(\mathrm{RV}_{t,T}^{\mathrm{D}}\right) = \frac{2}{T-t}\int_0^{F_t\exp(\kappa_F)}\frac{\Theta_t(K,T)}{B_t(T)K^2}dK \quad (2.12)$$

在数值项计算中，残差可以省略。

3. VRP

我们可以定义 VRP 为

$$\mathrm{VRP} = E^{\mathrm{Q}}(\mathrm{RV}) - E^{\mathrm{P}}(\mathrm{RV}) = \mathrm{IV} - \mathrm{RV} \quad (2.13)$$

类似地，我们也可以定义 VRP_U 和 VRP_D。

$$\begin{aligned}\mathrm{VRP}_{t,h} &= E_t^{\mathrm{Q}}\left[\mathrm{RV}_{t,h}\right] - E_t^{\mathrm{P}}\left[\mathrm{RV}_{t,h}\right] \\ &= \left(E_t^{\mathrm{Q}}\left[\mathrm{RV}_{t,h}^{\mathrm{U}}(\kappa)\right] - E_t^{\mathrm{P}}\left[\mathrm{RV}_{t,h}^{\mathrm{U}}(\kappa)\right]\right) + \left(E_t^{\mathrm{Q}}\left[\mathrm{RV}_{t,h}^{\mathrm{D}}(\kappa)\right] - E_t^{\mathrm{P}}\left[\mathrm{RV}_{t,h}^{\mathrm{D}}(\kappa)\right]\right) \\ &= \mathrm{VRP}_{t,h}^{\mathrm{U}}(\kappa) + \mathrm{VRP}_{t,h}^{\mathrm{D}}(\kappa)\end{aligned} \quad (2.14)$$

另外，我们也可以定义出 SRP：

$$\begin{aligned}\mathrm{SRP}_{t,h} &= E_t^{\mathrm{Q}}\left[\mathrm{RSV}_{t,h}\right] - E_t^{\mathrm{P}}\left[\mathrm{RSV}_{t,h}\right] \\ \mathrm{SRP}_{t,h} &= \mathrm{VRP}_{t,h}^{\mathrm{U}}(\kappa) - \mathrm{VRP}_{t,h}^{\mathrm{D}}(\kappa)\end{aligned} \quad (2.15)$$

4. VRP 的检验

参考 Bakshi 和 Kapadia（2003）的研究，我们使用 Heston 模型作为基准模型：

$$\frac{\mathrm{d}S_t}{S_t} = \mu_t[S_t,\sigma_t]\mathrm{d}t + \sigma_t\mathrm{d}W_t^1 \quad (2.16)$$

$$\mathrm{d}\sigma_t = \theta_t[\sigma_t]\mathrm{d}t + \eta_t[\sigma_t]\mathrm{d}W_t^2 \quad (2.17)$$

其中，S_t 为股票的价格；σ_t 为波动率。两个布朗运动的增量 $\mathrm{d}W_t^1$ 和 $\mathrm{d}W_t^2$ 是相关的，且满足 $E(\mathrm{d}W_t^1\mathrm{d}W_t^2) = \rho\mathrm{d}t$。根据伊藤引理，我们可以得到下述公式：

$$\begin{aligned}C_{t+\tau} = C_t &+ \int_t^{t+\tau}\frac{\partial C_u}{\partial S_u}\mathrm{d}S_u + \int_t^{t+\tau}\frac{\partial C_u}{\partial \sigma_u}\mathrm{d}\sigma_u \\ &+ \int_t^{t+\tau}\left(r\left(C_u - S_u\frac{\partial C_u}{\partial S_u}\right) - \left(\theta_u[\sigma_u] - \lambda_u[\sigma_u]\right)\frac{\partial C_u}{\partial \sigma_u}\right)\mathrm{d}u\end{aligned} \quad (2.18)$$

$$C_{t+\tau} = C_t + \int_t^{t+\tau} \frac{\partial C_u}{\partial S_u} dS_u + \int_t^{t+\tau} r(C_u - S_u \frac{\partial C_u}{\partial S_u}) du$$
$$+ \int_t^{t+\tau} \lambda_u \frac{\partial C_u}{\partial \sigma_u} du + \int_t^{t+\tau} \eta \frac{\partial C_u}{\partial \sigma_u} dW_u^2 \quad (2.19)$$

对于一个欧式看涨期权的 Delta 对冲的收益，我们使用式（2.20）来表示：

$$\Pi_{t,t+\tau} = C_{t+\tau} - C_t - \int_t^{t+\tau} \Delta_u dS_u - \int_t^{t+\tau} r(C_u - \Delta_u S_u) du \quad (2.20)$$

Delta 对冲收益的期望公式为

$$E_t(\pi_{t,t+\tau}) = \int_t^{t+\tau} E_t\left(\lambda_u[\sigma_u] \frac{\partial C_u}{\partial \sigma_u}\right) du \quad (2.21)$$

从式（2.21）中我们可以看到，Delta 对冲收益主要受 Vega 和 $\lambda_u[\sigma_u]$ 两个部分影响，因此 $\lambda_u[\sigma_u]$ 和 Delta 对冲收益应该保持一致。$\lambda_u[\sigma_u]$ 是 P 测度下的波动率减去 Q 测度下的波动率，其和 VRP 的符号应该相反。我们将在接下来的实证检验里给出 Delta 对冲收益的检验。

2.3　VRP 的符号

上证 50ETF 期权数据来源为 Wind 资讯，数据区间为 2015 年 2 月 9 日到 2019 年 12 月 31 日。我们仅保留距离到期日在 5 天和 365 天之间的期权品种，同时剔除隐含波动率小于 5%或者大于 150%的期权。我们同时剔除一些不满足套利条件的期权，对于看涨期权：$C(t) \geqslant \max(0, S(t) - Ke^{-rT})$，对于看跌期权：$C(t) \geqslant \max(0, Ke^{-rT} - S(t))$。相较于价外期权和平值期权，价内期权的流动性较差，我们剔除看跌期权（$K/S > 1.03$）和看涨期权（$K/S < 0.97$）。我们同时剔除零开仓量和零交易量的观测值。此外，计算已实现波动率时我们使用上证 50ETF 的 5 分钟日内高频交易数据，同时使用过去 30 天已实现波动率作为未来已实现波动率的预测。值得注意的是，我们计算的 VRP 都是未来 30 天的 VRP。

表 2.3 总结了样本使用的期权描述性统计特征。开仓量和成交量都表明期权活跃成交，具有较好的流动性。以看跌期权为例，其平均开仓合约数量为 17 115.28，由于一份期权对应 1 万份上证 50ETF，标的价值高达 1 700 万份上证 50ETF。我们同时汇报期权的其他特征，如隐含波动率、Delta、到期日和货币性。

表 2.3 期权的主要特征

主要特征		均值	最小值	中位数	最大值	标准差	N
Panel A: 看跌期权	开仓量	17 115.280	2.000	8 689.000	399 124.000	26 134.710	43 959
	成交量	10 230.620	1.000	1 843.000	654 676.000	29 267.250	43 959
	隐含波动率	0.247	0.055	0.219	1.208	0.113	43 959
	Delta	−0.251	−0.942	−0.238	0.000	0.181	43 959
	到期日	88.597	6.000	69.000	245.000	66.421	43 959
	货币性	0.934	0.642	0.946	1.030	0.068	43 959
Panel B: 看涨期权	开仓量	22 018.630	6.000	8 580.000	637 822.000	39 402.770	39 949
	成交量	13 621.140	1.000	2 006.000	827 045.000	39 765.110	39 949
	隐含波动率	0.251	0.051	0.231	1.223	0.114	39 949
	Delta	0.344	0.000	0.353	1.000	0.220	39 949
	到期日	90.764	6.000	70.000	245.000	68.142	39 949
	货币性	1.078	0.970	1.049	1.909	0.102	39 949
Panel C: 全样本	开仓量	19 449.790	2.000	8 636.000	637 822.000	33 211.530	83 908
	成交量	11 844.860	1.000	1 912.000	827 045.000	34 705.240	83 908
	隐含波动率	0.248	0.051	0.225	1.223	0.114	83 908
	Delta	0.032	−0.942	−0.010	1.000	0.359	83 908
	到期日	89.629	6.000	70.000	245.000	67.254	83 908
	货币性	1.002	0.642	0.995	1.909	0.112	83 908

2.3.1 VRP 的数值结果

表 2.4 汇报了第二部分中介绍的主要变量的数字特征，按照风险中性测度（Q）、实际测度（P）和 VRP 分为三个部分。从均值这一列中，结合第二部分的内容介绍，我们可以对变量之间的数量关系进行验证，如 IV=IV_U+IV_D、VRP=IV−RV 等。相比于前两部分，我们更关心风险溢价部分所列举的变量统计特征。VRP 的均值为 0.008，中位数为 0.01，说明 VRP 序列的绝大部分（超过

50%的数据）都是大于 0 的，从 t 统计量可知，VRP 在统计上显著大于 0。结合 VRP_D 和 VRP_U 的统计描述，可知 VRP_D 在统计上显著大于 0，VRP_U 小于 0，但在统计上并不显著。向下方差风险溢价（VRP_D=0.009）是方差风险溢价（VRP=0.008）的主要组成部分，与 Feunou 等（2018）的结论相一致。此外，SRP 在统计上显著小于 0。

表 2.4　VRP 的描述性统计

变量		均值	St.Dev	最小值	中位数	最大值	偏度	峰度	t 统计量
Panel A：风险中性测度下的方差									
隐含方差	IV	0.065	0.077	0.006	0.043	0.796	4.272	30.191	29.282
向下隐含方差	IV_D	0.037	0.054	0.003	0.023	0.708	6.797	69.438	23.685
向上隐含方差	IV_U	0.028	0.029	0.003	0.02	0.277	3.428	19.848	33.036
隐含偏度	RSV_Q	−0.01	0.042	−0.666	−0.002	0.085	−10.74	144.284	−7.957
Panel B：实际测度下的方差									
已实现方差	RV	0.057	0.102	0.005	0.028	0.781	4.978	31.119	19.266
向下已实现方差	RV_D	0.029	0.05	0.002	0.013	0.368	4.574	26.8	19.669
向上已实现方差	RV_U	0.029	0.053	0.002	0.014	0.415	5.323	34.846	18.67
已实现偏度	RSV_P	0	0.011	−0.059	0.001	0.095	0.657	16.896	0.428
Panel C：方差风险溢价									
方差风险溢价	VRP	0.008	0.08	−0.656	0.01	0.58	−3.991	39.388	3.447
向下方差风险溢价	VRP_D	0.009	0.046	−0.286	0.007	0.553	2.912	61.954	6.623
向上方差风险溢价	VRP_U	−0.001	0.044	−0.37	0.004	0.146	−5.737	43.326	−0.681
偏度方差风险溢价	SRP	−0.01	0.041	−0.627	−0.003	0.099	−9.508	122.19	−8.223

表 2.4 中 VRP 在统计上显著大于 0，有着深刻的金融学含义。VRP 可以看作市场参与者为规避未来波动率风险而支付的费用，体现投资者对波动率风险的厌恶特征。关于这一点的理解，本书结合 Carr 和 Wu（2009）研究中的方差互换合约加以解释。方差互换合约和远期合约具有一定的相似性，其购买者都是为了规

避未来经济的不确定性。方差互换合约多头的收益为$(RV_{t,T}-SW_{t,T})\times L$，其中 RV 是在时刻 t 至时刻 T 期间市场已实现的方差，SW 是方差互换比率，即方差互换合约对时刻 t 至时刻 T 期间收益率方差的协议水平，是风险中性测度下（Q 测度）时刻 t 至时刻 T 期间市场已实现方差的数学期望，即本书第二部分所定义的 IV。L 是合约的名义本金额，用来计算在 T 时刻合约双方的收益或者损失。在初始时刻 t，多头和空头以零成本进入合约；若 $L=1$，对于方差互换合约的多头而言，在 T 时刻的收益为$(RV_{t,T}-SW_{t,T})$，相当于是以 $SW_{t,T}$ 的成本取得 $RV_{t,T}$ 的收益，也就是说，VRP 的相反数就是合约多头的收益，LRP 的相反数就是合约多头的收益率。假设一个投资者现在处于 t 时刻，面临着市场波动率风险，他将有两种选择：一是不进行任何对冲措施；二是通过购买方差互换合约来锁定未来收益率的方差水平。出于对方差风险的厌恶，为了及时消除未来的不确定性，他将购买一份方差互换合约。从事后来看，投资者的对冲措施往往会使自己遭受损失（–VRP<0），即时刻 t 至时刻 T 市场已实现方差在大多数情况下都小于方差互换比率（或者说是 IV）。由此可以看出，投资者为了提前规避收益方差的不确定性，愿意为此支付更高的费用。合约多头在 T 时刻遭受的损失，就是对合约空头承受收益方差不确定性的一个补偿。

图 2.2~图 2.4 分别绘制 VRP、VRP_U、VRP_D 的时间序列走势图。从图 2.2 中可以看到，VRP 在大多数时期是大于 0 的，体现出表 2.4 的统计特征。正如上文所述，VRP 可以看作市场参与者为规避未来波动率风险而支付的费用，当未来市场走向不确定性增加时，投资者规避风险的意愿加强，此时 VRP 会处于一个较高的水平。图 2.2 同时绘制了 IV 和 RV 的走势图，我们发现在大多数情况下，IV（黑线）总是在 RV（虚线）之上的，说明市场隐含方差要大于已实现方差。

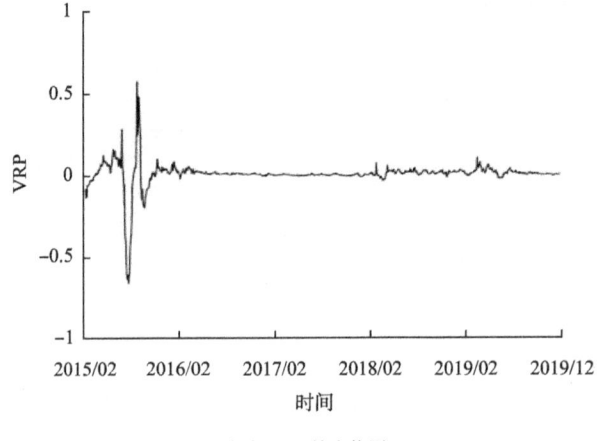

（a）VRP 的走势图

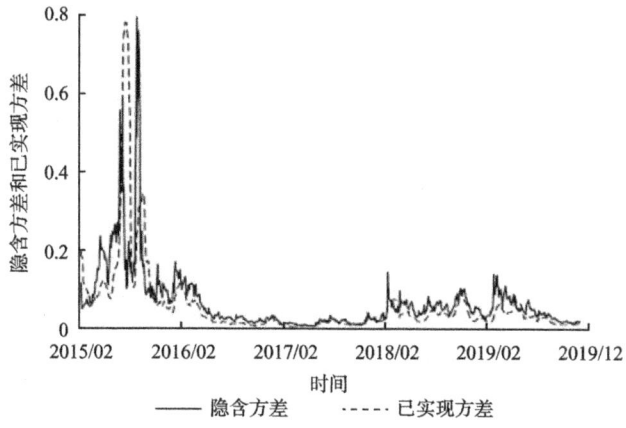

(b)隐含方差和已实现方差的走势图

图 2.2 上证 50ETF VRP 的时间序列走势图

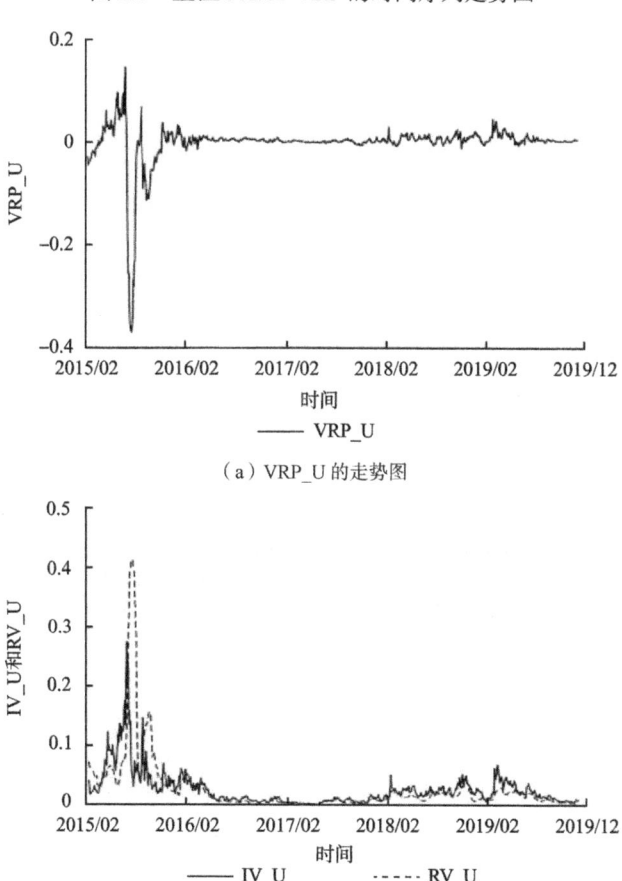

(a)VRP_U 的走势图

(b)向上隐含方差和向上已实现方差的走势图

图 2.3 上证 50ETF VRP_U 的时间序列走势图

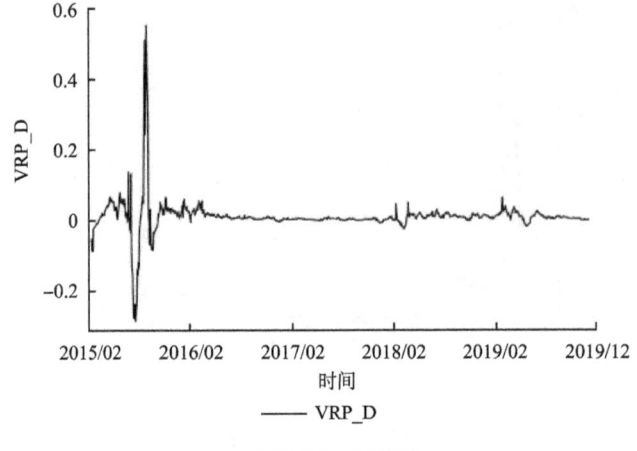

（a）VRP_D 的走势图

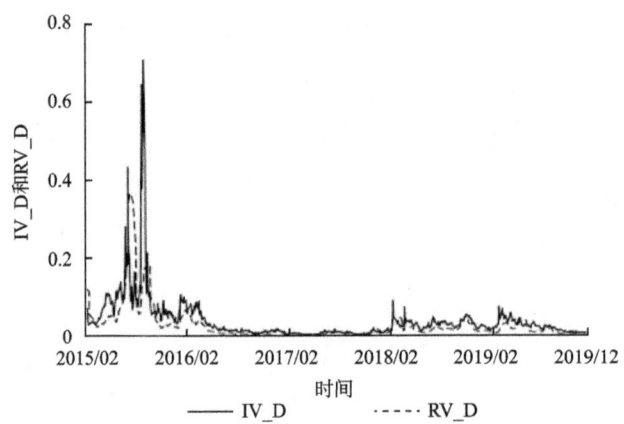

（b）向下隐含方差和向下已实现方差的走势图

图 2.4　上证 50ETF VRP_D 的时间序列走势图

图 2.3 绘制了 VRP_U、向上隐含方差和向上已实现方差的走势图，VRP_U 在股灾期间负偏的程度更大，这表明投资者喜欢向上的波动，并不愿意为向上的风险支付过多的溢价。在 2015 年，IV_U 要显著小于 RV_U。

图 2.4 则绘制了 VRP_D、向下隐含方差和向下已实现方差的走势图。我们发现 VRP_D 的数值更大。投资者为了规避向下的波动，愿意支付更多的溢价以对冲风险。

总的来说，VRP 的符号在不同的时间段内会呈现不同的结果，但总的数值为正。值得注意的是，在 2015 年股市异常期间，VRP 的各个指标变动幅度巨大、波动频繁，有效地捕获市场的异常状况，因此可以作为监管者进行市场风险预警的参考指标。

2.3.2 基于 Delta 对冲的结果

我们按照 Bakshi 和 Kapadia（2003）对期权 Delta 对冲收益的定义：

$$\Pi(t,t+\tau) = C_{t+\tau} - C_t - \sum_{n=0}^{N-1} \Delta_{C,t_n}[S(t_{n+1}) - S(t_n)]$$
$$- \sum_{n=0}^{N-1} \frac{a_n r_{t_n}}{365}[C(t_n) - \Delta_{C,t_n} S(t_n)] \quad (2.22)$$

不同于式（2.20），在现实中不能每时每刻通过调整组合中的股票头寸来构造 Delta 对冲组合，因此需要对式（2.20）进行离散化处理，便得到式（2.22）。在式（2.22）中，$\Pi(t,t+\tau)$ 是 Delta 对冲组合在时刻 t 至时刻 $t+\tau$ 的收益，其中时刻 t 是期权的上市日，时刻 $t+\tau$ 是期权的到期日，τ 是期权的存续期。将时间区间 $[t,t+\tau]$ 划分为 N 个区间（$t = t_0 < t_1 < \cdots < t_n < t_{n+1} < \cdots < t_N = t+\tau$），在子区间 $[t_n, t_{n+1}]$ 的开始时刻 t_n，Δ_{C,t_n} 是由期权的 Delta 确定的对冲组合中股票的头寸，a_n 是这一子区间的天数，C_t 是 t 时刻期权的价格，r 是无风险利率，本章采用三个月期银行定期存款利率作为无风险利率的衡量。

设想如果我们的 Delta 对冲组合中包含一份看涨期权的多头、股票空头及银行存款，在 B-S 的分析框架下，组合的收益正好为 0，原因在于 B-S 公式假设标的资产的波动率为常数，根据 Delta 进行的动态对冲，使得组合不再受股价变动的影响，至此已经对冲掉了所有的风险。

如今，无论是学界还是业界，对股票波动率的随机性已经达成共识，波动率是市场中存在的另一个风险源。已有的研究表明，股票的波动率与股票的收益率负相关，风险厌恶的投资者在波动率上升时，基于对波动率管理的需求，使得期权成为一个重要的对冲波动率风险的工具。无论是看涨期权还是看跌期权的多头，Vega 均为正数，波动率上升使得期权价格上升，期权的多头获益正好可以弥补股票上的损失。由此可见，期权可以作为股票波动率风险的对冲工具。

现在将随机波动率引入 Delta 对冲组合的分析中。波动率的变动对 Delta 对冲组合的影响分为两个方面：一是波动率对股票的影响最终反映到股票价格上；二是波动率对期权多头的影响。正如前文所述，Delta 对冲组合不受股票价格的影响，因此波动率的变动只会影响期权多头，波动率上升导致组合收益上升，波动率下降导致组合收益下降。Bakshi 和 Kapadia（2003）的理论推导证明了如下结论：如果波动率风险未被定价，Delta 对冲组合收益的数学期望为 0；如果波动率风险被定价，Delta 对冲组合收益的符号与波动率风险溢价相一致。

类似地，我们可以构造看跌期权的 Delta 对冲组合，Delta 对冲收益的计算公式和式（2.22）类似。表 2.5 中汇报了 Delta 对冲结果的描述性统计特征。

表 2.5　Delta 对冲结果的描述性统计特征

行权期	N	均值	标准差	最小值	中位数	最大值	偏度	峰度	t
Panel A：全样本									
总数量	2 210	−0.013	0.051	−0.279	−0.009	0.213	−0.277	6.829	−12.08
<30	332	−0.006	0.029	−0.177	−0.001	0.104	−1.361	12.765	−3.433
[30，60]	614	−0.01	0.034	−0.279	−0.007	0.088	−2.694	20.927	−7.642
[60，120]	528	−0.009	0.041	−0.214	−0.01	0.156	−0.431	6.403	−4.992
[120，180]	176	−0.017	0.08	−0.205	−0.019	0.213	0.412	3.579	−2.784
>180	560	−0.025	0.068	−0.247	−0.028	0.205	0.228	3.878	−8.73
Panel B：看涨期权									
总数量	1 105	−0.016	0.041	−0.176	−0.012	0.154	−0.348	5.361	−12.918
<30	166	−0.004	0.025	−0.104	−0.002	0.104	0.029	9.927	−2.167
[30，60]	307	−0.011	0.026	−0.108	−0.01	0.084	−0.061	5.6	−7.081
[60，120]	264	−0.009	0.032	−0.075	−0.013	0.106	0.697	3.398	−4.816
[120，180]	88	−0.024	0.054	−0.168	−0.022	0.094	−0.471	3.281	−4.135
>180	280	−0.034	0.056	−0.176	−0.038	0.154	0.292	3.808	−10.142
Panel C：看跌期权									
总数量	1 105	−0.01	0.059	−0.279	−0.006	0.213	−0.316	6.34	−5.742
<30	166	−0.007	0.033	−0.177	−0.001	0.1	−1.837	12.156	−2.665
[30，60]	307	−0.01	0.04	−0.279	−0.005	0.088	−3.221	20.219	−4.504
[60，120]	264	−0.008	0.049	−0.214	−0.008	0.156	−0.732	5.94	−2.81
[120，180]	88	−0.01	0.099	−0.205	−0.013	0.213	0.361	2.604	−0.919
>180	280	−0.016	0.078	−0.247	−0.02	0.205	0.037	3.522	−3.525

注：Panel A 汇报了全样本的结果；Panel B 汇报了看涨期权的结果；Panel C 汇报了看跌期权的结果

我们使用 2015 年 2 月 9 日至 2019 年 12 月 31 日在上海证券交易所上市挂牌的全部期权，总数量为 2 210 个。上海证券交易所期权的期限通常为当月、次月及随后的两个季月，共 4 个期限。由于到期标的分红或市场剧烈波动等原因，上海证券交易所会选择加挂期权，同一天交易的期权经常会出现多于 4 个期限。我们按照实际的行权期（自然日），将期权分为 5 种：行权期小于 30 天的期权（332 个）、行权期在 30~60 天的期权（614 个）、行权期在 60~120 天的期权（528 个）、行权期在 120~180 天的期权（176 个）、行权期在 180 天以上的期权（560 个）。看涨期权和看跌期权的数量分别占上面数量的一半。从 Delta 对冲结果的均值上来看，总体对冲组合的收益为 -0.013，t 值为 -12.08；看涨期权对冲组合的收益为 -0.016，t 值为 -12.918；看跌期权对冲组合的收益为 -0.01，对应的 t 值为 -5.742。无论是全样本，还是看涨期权、看跌期权样本，对冲组合的均值均在 5% 的显著性水平下显著为负。这说明了波动率风险溢价为负，市场中的投资者厌恶波动率风险，愿意为规避波动率风险支付一定的费用，而 Delta 对冲组合的交易对手最终获得正的收益，说明交易对手在承担波动率风险的同时得到了相应的补偿。

在 Panel A~Panel C 中，我们也分别检查了不同期限的期权 Delta 对冲结果。长期限的期权由于承担了更多的波动率风险，其 Delta 对冲的结果也更小，即负值的程度更大。

通过构建 Delta 对冲组合，从组合的负收益推断出波动率风险溢价为负的结论，与上文中得出的 VRP 显著为正的结论，两者在本质上描述了同一个事实，相互印证国内市场中的投资者对波动率风险的厌恶，愿意为规避波动率风险支付更高费用的行为特征。

2.3.3 基于 VIX 计算的 VRP

其他文献［如 Bollerslev 等（2009）］依靠 VIX 的平方去计算风险中性测度下的期望方差，但是在 2018 年之后上海证券交易所停止公布 VIX 指数。为了比较结果的计算差异，我们使用上海纽约大学波动研究所（VINS）网站[①]公布的指数，其 VIX 的计算基于三种方法：CBOE 方法、ATM（at the money）方法和 BKM 方法。其中，CBOE 方法是借鉴 CBOE 计算期权隐含波动率的方式，ATM 方法则是利用价内期权计算隐含波动率，BKM 方法则是基于 Bakshi 等（2003）提出的无模型方法计算隐含波动率。表 2.6 给出基于 VIX 指数度量的 VRP。

---

① 上海纽约大学波动研究所网站，https://vinsight.shnyu.edu.cn/vol_class.php。

表 2.6 基于 VIX 指数度量的 VRP

VRP	均值	St.Dev	最小值	中位数	最大值	偏度	峰度	t 值
VRP_ATM	0.002	0.079	−0.674	0.007	0.436	−5.341	42.188	0.858
VRP_BKM	0.007	0.079	−0.665	0.011	0.415	−5.191	41.672	3.109
VRP_CBOE	0.007	0.078	−0.665	0.011	0.409	−5.197	41.519	3.105

我们基于 VIX 指数分别计算了不同的 VRP，包括 VRP_CBOE、VRP_ATM 和 VRP_BKM。总体来讲，数值为正，BKM 方法和 CBOE 方法较为接近，均值为 0.007，且 t 值在 3 以上，显著大于 0，而 ATM 方法计算的 VRP，均值为 0.002，但 t 值并不显著。为了对冲极端风险，投资者倾向于使用价外期权进行风险对冲，因此基于价外期权计算的隐含波动率要更大，而基于 ATM 计算的 VIX 则会低估市场的真实波动率。前述正文计算的 VRP 结果要大于 VIX 指数计算出来的 VRP。因此我们可以得到 VRP 在中国证券市场总体是正的，但是由于计算方法的差别，数值结果可能呈现较大的差异。

2.3.4 极端市场行情下的 VRP

尽管大量的文献表明，VRP 的结果应该为正，但我们发现在 2015 年 8 月前后 VRP 出现极端的负值。Kelly 等（2016）以金融行业 ETF 及其成分股对应的期权为例，发现在 2008 年金融危机期间，政府对市场的救助承诺相当于给了市场一个免费的看跌期权，从而投资者在期权市场上预期未来的波动率会平复，期权市场的隐含波动率（IV）会远小于较高的已实现波动率（RV）。

尽管我们发现 VRP 是正的，但是在股票崩盘期间却高度波动。我们好奇这种现象是否仅存在于中国的期权市场。因此我们利用美国市场剧烈波动期间行业指数 ETF 对应的期权数据，分别检查互联网泡沫（2000~2002 年）和全球金融危机（2007~2009 年）时期的行业 ETF 对应 VRP 的表现。我们基于 Option Metrics 数据库提供的期权数据计算行业指数的 VRP，以验证负的 VRP 是否只存在于中国市场。图 2.5 汇报了互联网泡沫（2000~2002 年）时期行业 ETF 对应 VRP。实线代表科技行业 ETF 对应的 VRP，虚线代表科技行业 ETF 的股价走势图。互联网泡沫发生在 2000 年 3 月到 2002 年 1 月，科技股指数从高点暴跌了 80%。我们发现在科技 ETF 发生市场崩盘的时候，VRP 也会出现极端的负值。

图 2.5　互联网泡沫（2000~2002 年）时期行业 ETF 对应 VRP

图 2.6 汇报了金融行业指数 ETF 和 VRP 在全球金融危机期间（2007~2009 年）的表现。在 2008 年全球金融危机期间，金融行业指数发生了高达 80% 以上的暴跌。我们发现大量负值的 VRP 出现在全球金融危机期间。7 000 亿美元的救市计划降低了金融行业指数的隐含波动率，这和 2015 年中国股票市场崩盘的情况是一致的。

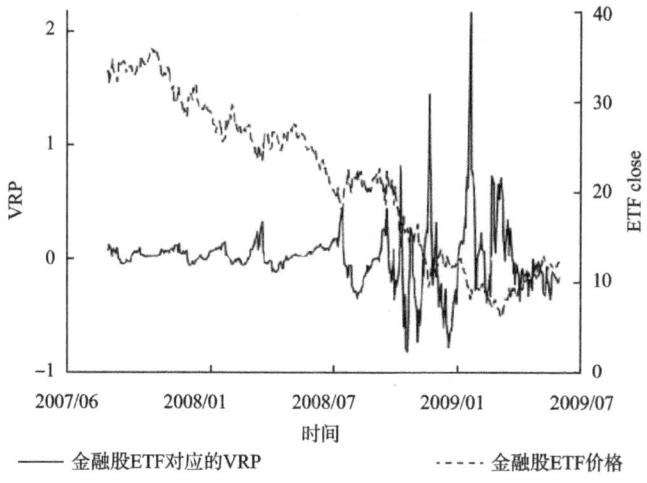

图 2.6　全球金融危机（2007~2009 年）时期行业 ETF 对应 VRP

我们认为出现负的 VRP 主要有两个原因：①市场在剧烈暴跌之后，投资者预期未来的波动率将会下降，即 IV 降低，而基于历史数据计算的 RV 则显著放大，从而出现负的 VRP。②当政府救市出现时，市场的隐含波动率降低，因为政府的救市承诺相当于送给全市场一个看跌期权，从而 IV 变小，也会出现负的 VRP。

由于危机期间剧烈波动产生的 VRP 负值，如果短样本区间恰好包含股票崩盘的时间段，则整个样本内 VRP 就不能显著为正。Zheng 等（2017）发现中国市场的投资者并不是风险规避者，而是风险偏好者；同时，VIX 指数在中国也不是恐慌指数，而是贪婪指数。作者的取样区间为 2015 年 2 月 9 日到 2016 年 1 月 21 日，这个区间内市场剧烈波动，并不能反映市场的全貌。

综上，结合美国市场的经验，我们认为负的 VRP 是市场崩盘期间特有的现象。增加考察期的样本，有助于我们准确评估 VRP 的符号。本书选择的样本区间包括 2015~2019 年的 5 个自然年度，是截至本章研究开展时能够选择的最长区间，也相对能够客观地反映当前市场的全貌。

2.4 基于 VRP 的投资策略

风险偏好是经济学上非常重要的议题，一般将承担风险的意愿分为风险厌恶、风险中性、风险偏好。在经济理论上常常假设投资者（或消费者）是风险厌恶的，风险厌恶很重要的特征是愿意支付溢价（保险）去消除不确定性。期权市场是风险分担和交换的场所，风险厌恶的投资者通过购买期权的方式来保护自己的投资组合，免受未来价格下跌的影响。期权的买方是投保者，而期权的卖方是保险的提供者。由于风险规避特征的存在，投资者为了避免承担潜在的风险，需要支付一定的保费。这种系统性的原因保证了 VRP 总体来说为正，同时我们可以设计一定的交易策略来收割这种 VRP。

基于正的 VRP，我们测试最简单的波动率卖出策略，即分别卖出看涨期权和看跌期权，回测区间是 2015 年 2 月到 2019 年 12 月。分别选择 Delta 绝对值为 0.2、0.3、0.4 和 0.5 的期权进行卖出，开始时间为该期权上市日，结束时间为期权行权日。我们把结果汇报于表 2.7。

表 2.7 波动率卖出策略的回测结果

Delta	年化收益	年化波动率	夏普比率	最大回撤	年化收益	年化波动率	夏普比率	最大回撤
	看涨期权（2015/02~2019/12）				看涨期权（2016/01~2019/12）			
0.2	−11.48%	24.43%	−53.13%	−57.46%	−5.74%	21.17%	−34.17%	−43.32%
0.3	−1.89%	44.59%	−7.61%	−63.31%	1.11%	25.71%	−1.50%	−36.56%
0.4	6.92%	44.09%	12.29%	−68.35%	7.19%	25.65%	22.16%	−43.75%
0.5	−2.92%	50.78%	−8.70%	−71.73%	−2.22%	28.94%	−12.84%	−49.28%

续表

Delta	年化收益	年化波动率	夏普比率	最大回撤	年化收益	年化波动率	夏普比率	最大回撤
	看跌期权（2015/02~2019/12）				看跌期权（2016/01~2019/12）			
−0.2	−2.85%	39.67%	−10.96%	−69.69%	1.50%	16.68%	0.00%	−29.31%
−0.3	7.14%	34.05%	16.57%	−59.21%	9.64%	16.26%	50.08%	−21.10%
−0.4	4.37%	71.78%	4.00%	−88.78%	12.46%	24.72%	44.35%	−28.07%
−0.5	−47.15%	1376.55%	−3.53%	−99.72%	13.08%	32.54%	35.57%	−40.16%

考虑到 2015 年期权上市伊始，市场相对不成熟，我们同时汇报了 2015/02~2019/12 和 2016/01~2019/12 的回测结果。选择不同的 Delta 结果差异较大，以 Delta 等于 0.4 为例，对于全样本区间来说，卖出看涨期权和看跌期权均实现正的收益，年化收益分别为 6.92%和 4.37%，但是波动较大，夏普比率仅有 12.29%和 4.00%，最大回撤高达−68.35%和−88.78%。在去除 2015 年的期权数据之后，我们发现年化收益和夏普比率的数值均有小幅的增加。年化收益分别为 7.19%和 12.46%，夏普比率为 22.16%和 44.35%，最大回撤为−43.75%和−28.07%。

简单的波动率卖出策略并没有太大的吸引力，我们同时在图 2.7 中绘制了波动率卖出策略（Delta=0.4）的表现。单纯卖出看涨期权和卖出看跌期权均能取得显著正收益，但波动较大，同时相对于持有上证 50ETF 并没有显著的优势。

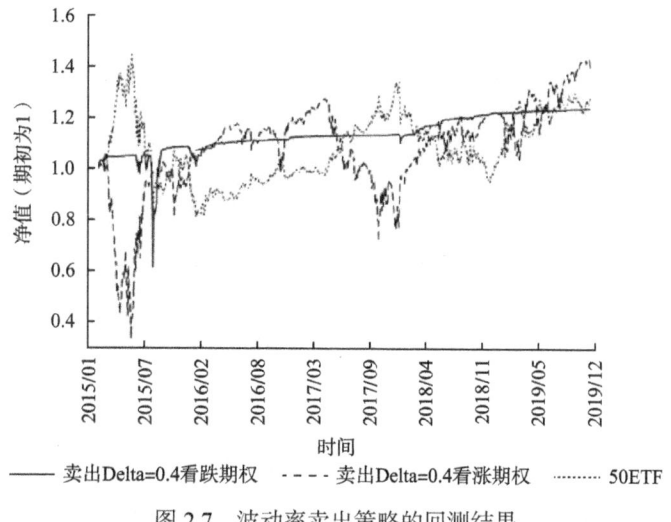

图 2.7　波动率卖出策略的回测结果

我们发现简单的期权卖出策略尽管会取得正的收益，但是最大回撤较大。投资者可以把波动率卖出策略作为收益增强的方式，如备兑开仓策略。投资者可以利用备兑开仓策略来获得 VRP 的风险溢价。对于备兑开仓策略来说，投资者持有正股，同时卖出未来一个月的看涨期权。以 Delta 等于 0.4 为例，我们回测一个简单的备兑开仓策略，当月买入上证 50ETF 时，同时卖出 Delta 为 0.4 的看涨期权，期权的行权期为 30 天。在实际操作中，我们寻找最接近 30 天和最接近 Delta 等于 0.4 的期权进行替代。表 2.8 分别汇报了 Delta 为 0.2、0.3、0.4 和 0.5 的备兑开仓回测结果。

表 2.8 Delta 为 0.2、0.3、0.4 和 0.5 的备兑开仓回测结果

Delta	年化收益	年化波动率	夏普比率	最大回撤
0.2	2.84%	20.50%	6.53%	−41.61%
0.3	5.72%	19.42%	21.74%	−33.08%
0.4	8.33%	17.04%	40.07%	−29.28%
0.5	6.60%	17.12%	29.78%	−27.91%
Benchmark	5.36%	24.25%	15.91%	−44.97%

相较于单纯持有上证 50ETF，备兑开仓策略能够显著增加组合的收益率，同时降低波动率和最大回撤。上述结论在 Delta 为 0.3、0.4 和 0.5 上均显著，这表明备兑开仓策略具有较强的普适性。图 2.8 汇报了当 Delta 等于 0.4 时，备兑开仓策略的历史回测结果。

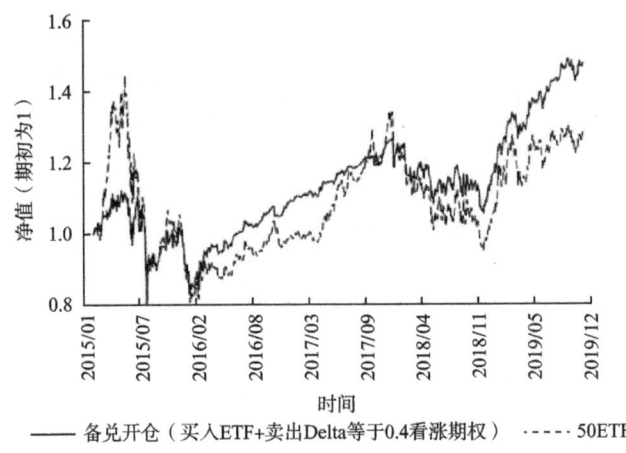

图 2.8 当 Delta 等于 0.4 时，备兑开仓策略的历史回测结果

卖出 Delta 等于 0.4 看涨期权能够显著增强组合的收益，这一效果在市场缓慢上涨的时间段内（2016/02~2017/09）会更加明显。投资者的收益可以分为两部分：

卖出看涨期权收到的期权费、上证 50ETF 上涨的收益。显著为正的 VRP 是上述波动率卖出策略建立的基础。期权市场能够为风险中性的投资者提供系统性的增强收益。

2.5　VRP 研究实际意义

在欧美成熟的期权市场，其标的物涵盖股票、股票价格指数、期货合约、政府债券等多个领域，满足不同投资者的风险管理需求。相比之下，我国期权市场还处于初级阶段，个股期权、股指期权目前还是空白，市场中缺乏合适的对冲工具，无法满足市场投资者的风险管理需求。在很多情况下，上证 50ETF 期权也许并不是一个合适的选择，期权种类的缺乏也会影响风险管理的精确性。随着期权市场的扩容，我们相信期权市场会为投资者提供更多的风险管理和收益增强工具。

本章基于上证 50ETF 期权的交易数据及上证 50ETF 高频交易数据，求得上证 50ETF 的隐含方差和已实现方差，利用两者的差值求得 VRP。进一步，我们将隐含方差和已实现方差分解为向上和向下部分，据此构造出 VRP_U、VRP_D 和 SRP。通过实证研究，我们发现 VRP 显著为正，构造的 Delta 对冲组合收益显著为负，两者相互印证了一个事实：由于市场波动率是随机的，且与市场收益呈现出负相关关系，厌恶波动率风险的投资者为了规避市场波动率的上升，通过购买方差互换合约或者进入期权多头来对冲波动率风险，并愿意为此支付一个更高的费用。

显著为正的 VRP 是波动率卖出策略的基础，我们测试了卖出看涨期权、卖出看跌期权和备兑开仓策略。以备兑开仓策略为例，发现投资者可以通过卖出看涨期权来增强收益。期权市场为投资者提供了非常重要的经济价值。

第 3 章　VRP 和收益率预测

3.1　引　言

收益率的可预测性一直受到学术界和业界的关注。在学术界，收益率的可预测性是实证资产定价研究的核心问题。如果股票的价格可以被预测，那么有效市场假说就会被拒绝。对于业界来说，尤其是对于投资组合的管理者来说，收益率预测可以帮助获得超额收益，但收益率预测又存在着悖论，一旦收益率可以被预测，那么投资者的"套利"行为会让收益率变得难以预测。因此很多时候收益率预测的能力来自风险溢价，而不是错误定价。期权市场的隐含信息在一定程度上反映投资者的风险溢价，因此使用期权市场的信息去预测未来股票的收益率是非常重要的话题。在本章中，我们使用多个来自期权市场的预测指标来研究中国市场的收益率可预测性。

我们的贡献体现在多个方面，首先，我们检查期权市场的隐含信息，特别是以 VRP 为代表的市场参与者风险偏好是否有助于预测中国股票市场的收益率。先前的研究表明，多个指标在美国的市场上能够预测股票的收益率，如 P/E 比率、信用利差、消费/财富的比率。Bollerslev 等（2009）表明在美国市场上 VRP 能够预测月度和季度的收益率。在中国市场收益率可预测性的研究上，姜富伟等（2011）表明分红率、通货膨胀率、M_1 和 M_2 增长率能够显著预测市场组合的收益率，但这种收益率的预测能力仅停留在很短的时间内。由于中国市场独有的特征，中国市场的可预测能力是否存在也是我们关注的重点。

在前面的章节中，我们计算了多个 VRP，并构造 Delta 对冲组合。研究证实中国的投资者厌恶方差风险，同时为了避免这种风险，投资者愿意支付溢价。我们在 VRP 和收益率可预测性上的主要发现包括：①VRP 对中国市场的收益率没有预测能力，VRP_U 是风险溢价的主要组成部分，对收益率也没有预测能力。这些结果有别于美国市场的情况（Feunou et al.，2018）。②我们同时使用实际测度下和风险中性测度下的 VRP 去预测未来的收益率，发现风险中性测度和实际测度下的方差风险有一定的预测能力，但预测期限存在较大差别。剔除 2015 年的数据之后，方差风险对未来的预测能力变弱，这表明极端风险对预测结果有着显著的影响。散户投资者贡献股票市场绝大多数的交易量，而期权市场和股票市场的投资者结构存在差异，主导期权市场的投资者主要为机构投资者和超级散户。他们拥有的信息可能具有更高的信息含量，我们发现从期权市场推导出的风险中性测度下风险对中长期风险有着较好的预警能力。

从期权价格中计算得到的 VRP 蕴含着丰富的信息，在文献中广泛地被认为可以作为衡量经济不确定性的指标。期权隐含方差则对股票市场的短期收益率有较强的预测能力。关注金融市场的 VRP，有助于我们理解当前市场偏好的变化。对于市场的参与者，利用 VRP 的信息进行市场预测和定价，有助于更好地管理投资组合，提高组合绩效；对于市场的监管层，有助于更好地引导市场预期，防范局部金融风险的扩散和外溢。

3.2　VRP 的预测能力

3.2.1　关于预测性回归的讨论

预测性回归模型的基本设定为

$$r_{t \to t+k} = \beta_0 + \beta_1 x_t(h) + \varepsilon_{t \to t+k} \tag{3.1}$$

其中，$r_{t \to t+k}$ 为在时间 t 和 $t+k$ 之间扣除无风险利率后的累计收益率；$x_t(h)$ 为其中一个预测变量；$\varepsilon_{t \to t+k}$ 为残差项。由于我们的被解释变量为累计收益率，当 k 大于 1 时，时间重叠会导致严重的自相关和异方差问题。具体来讲：

当 k 等于 1 时，我们回归模型为

$$r_{t \to t+1} = \beta_0 + \beta_1 x_t(h) + \varepsilon_{t \to t+1} \tag{3.2}$$

我们再检验 $x_t(h)$ 是否有预测下一期收益能力的时候，通常假定 $\varepsilon_{t \to t+1}$ 是独立同分布的白噪声。

然而，当 k 等于 2 时，回归模型为

$$r_{t \to t+2} = \beta_0 + \beta_1 x_t(h) + \varepsilon_{t \to t+2} \tag{3.3}$$

我们会发现，$\varepsilon_{t \to t+2}$ 和 $\varepsilon_{t+1 \to t+3}$ 均包含 $\varepsilon_{t+1 \to t+2}$，因此回归结果残差就会存在自相关和条件异方差。因此我们不能直接汇报 OLS（ordinary least square，普通最小二乘）估计出来的标准误，通常它会低估标准误，进而高估 t 值，没有显著预测能力

的变量有可能会变得显著。

相关文献在解决该问题时，通常使用两个方法：①参考 Hodrick（1992）的方法；②基于 Newey-West 回归，选择合适的滞后期。

Bollerslev 等（2015a）同时使用上述两种方法，并把滞后期选择为预测期的两倍。实证结果表明基于 Hodrick（1992）调整后的标准误和 Newey-West 回归的结果基本类似。考虑到 Newey-West 标准误被广泛应用于实证资产定价，因此当全文使用预测性回归时仅汇报 Newey-West 调整后的 t 值。

此外，国外的收益率预测文献重点关注股权溢价，即扣除无风险收益率之后的累计收益率。在中国市场我们通常使用一年银行定期存款收益率作为无风险收益率。我们的被解释变量为扣除无风险利率后的累计超额收益率。由于本书使用的样本期较短，使用超额收益率和原始收益率主要结论差别较小。我们使用股权溢价作为被解释变量，仍然可以较好地反映收益率预测的择时效果。

3.2.2 样本内预测表现

为了探索 VRP 对市场收益率的预测能力，我们接下来以未来 1 周、2 周、3 周、4 周、6 周、10 周、14 周和 18 周的上证 50ETF 的累计超额收益率为被解释变量。在我们计算中，每周由 5 个交易日构成。未来 1 周、2 周、3 周、4 周的超额收益率代表着短期预测能力，而 6 周、10 周、14 周和 18 周则代表着较长区间的预测能力。限于我们数据长度的限制，18 周以后的收益率可能会出现不平稳的情况，因此我们仅考察到未来 18 周的情况。我们在括号里汇报 Newey-West 标准误调整后的 t 值，由于计算累计收益率时样本存在重叠的情况，参考 Bollerslev 等（2015a），我们把 Newey-West 回归的滞后期设为预测长度的两倍。

表 3.1 汇报了上述回归结果，我们发现 VRP 对于未来一个月内的收益率回归的符号为正，但并不显著，这表明 VRP 没有预测能力。在较长的时间区间，如在未来 6 周、10 周、14 周、18 周的结果里，我们同样没有看到显著的结果。由于 VRP 是由 IV 和 RV 的差值计算得出的，我们同样汇报了这两者的预测性回归结果。从 IV 所在行，我们发现，隐含方差对未来收益率的符号总体为负，但在短期内并不显著。随着时间的推移，我们发现 IV 估计的 t 值逐渐增大，在 14 周之后，我们发现结果显著，IV 表现出一定的预测能力，调整 R^2 也达到了 10% 以上。因此，我们可以把 IV 作为中期的风险预警指标。从 RV 所在行我们发现，RV 对未来的收益率具有负的预测能力，且大部分时间内显著性水平都在 0.05 之下，但以 14 周和 18 周的结果来对比，我们发现 RV 拟合的调整 R^2 要显著小于 IV 拟合的调整 R^2。

表 3.1 VRP 对市场收益率的预测能力

解释变量	(1) 1周	(2) 2周	(3) 3周	(4) 4周	(5) 6周	(6) 10周	(7) 14周	(8) 18周
Panel A：全样本								
VRP	0.0354 (1.30)	0.0519 (1.14)	0.0634 (0.90)	0.0796 (0.74)	0.149 (1.18)	0.0471 (0.30)	−0.0601 (−0.42)	−0.0166 (−0.15)
调整 R^2	0.007	0.008	0.008	0.009	0.021	0.001	0.001	−0.001
IV	−0.0201 (−0.70)	−0.0654 (−1.49)	−0.1320 (−1.90)	−0.1810 (−1.83)	−0.2170 (−1.46)	−0.4000 (−1.90)	−0.4710* (−2.18)	−0.6070** (−3.20)
调整 R^2	0.001	0.012	0.033	0.047	0.042	0.093	0.108	0.177
RV	−0.0330 (−1.69)	−0.0686*** (−3.47)	−0.1130*** (−3.30)	−0.1510** (−2.84)	−0.2130* (−2.51)	−0.2520** (−3.06)	−0.2250** (−3.11)	−0.3280*** (−3.67)
调整 R^2	0.010	0.023	0.043	0.058	0.073	0.066	0.044	0.092
N	1186	1181	1176	1171	1161	1141	1121	1101
Panel B：不包含 2015 年的观测值								
VRP	−0.0839 (−0.71)	−0.2410 (−1.14)	−0.3510 (−1.12)	−0.4880 (−1.31)	−0.4170 (−0.96)	−0.5190 (−1.35)	−0.2880 (−0.52)	−0.1700 (−0.27)
调整 R^2	0.001	0.011	0.016	0.025	0.013	0.014	0.002	0
IV	−0.0721 (−1.25)	−0.1450 (−1.36)	−0.1860 (−1.33)	−0.2140 (−1.44)	−0.2580 (−1.38)	−0.4770 (−1.77)	−0.4070 (−1.45)	−0.3780 (−1.08)
调整 R^2	0.006	0.016	0.017	0.018	0.020	0.048	0.025	0.017
RV	−0.0930 (−1.37)	−0.1530 (−1.26)	−0.1760 (−1.07)	−0.1620 (−0.80)	−0.2760 (−0.84)	−0.6250 (−1.39)	−0.6060 (−1.54)	−0.6090 (−1.14)
调整 R^2	0.005	0.009	0.008	0.005	0.012	0.045	0.031	0.025
N	970	965	960	955	945	925	905	885

* $p<0.05$，** $p<0.01$，*** $p<0.001$

注：被解释变量为未来 1 周、2 周、3 周、4 周、6 周、10 周、14 周和 18 周的收益率，Panel A 和 Panel B 的第（1）、（3）、（5）行分别汇报 VRP、IV 和 RV 作为解释变量预测性回归的估计结果。为了解决累计收益率样本重叠的问题，我们在括号里汇报了 Newey-West 调整后的 t 值，滞后期设为预测天数的两倍。

在 Panel B 中，我们剔除了 2015 年的观测值，重新考察 VRP 的预测能力。这样做主要有两个原因：①2015 年是上证 50ETF 上市的第一年，市场活跃程度相对于后面的年份较低；②2015 年市场发生剧烈的波动，多次发生暴涨和暴跌。投资者通过各种方式加杠杆进入市场，市场指数进一步推高。政府为了阻止杠杆风险的外溢，推动股票市场的资金去杠杆，由此引发市场暴跌。在市场出现流动性危机时，政府为了维护市场的稳定，进行入市干预。市场救助的措施，在一定程度上影响期权市场的预期。我们发现在剔除 2015 年的样本之后，VRP 仍然没有显著的预测能力。同时，我们发现 IV 和 RV 的预测能力也大大减弱，显著性水平基本消失。模型解释的 R^2 也出现大幅下降，以 IV 对未来 18 周的预测结果来看，全样本调整 R^2 高达 17.7%，而剔除 2015 年样本的调整 R^2 仅有 1.7%。这在一定的程度上表明，IV 和 RV 在市场剧烈波动时，具有更好的预测效果。

为了进一步确认 VRP 是否有预测能力，我们同时参考文献里利用 VIX 的平方来计算 VRP 的做法。我们基于上海纽约大学公布的 VIX 数据，分别计算了三种口径下的 VRP，即 VRP_ATM、VRP_BKM 和 VRP_CBOE。表 3.2 分别在 Panel A 和 Panel B 汇报了全样本、剔除 2015 年的实证结果。尽管在剔除 2015 年的样本中，VRP_BKM 和 VRP_CBOE 对未来 10 周的收益率表现出微弱的预测能力，仅在 0.05 的显著性水平下显著，但上述预测能力持续期间较短，并没有表现出持续的稳定性。稳健性检验的结果表明，VRP 对未来收益的收益率没有显著的预测能力。

表 3.2 基于 VIX 指数构造的 VRP 对市场收益率的预测能力

解释变量	（1） 1 周	（2） 2 周	（3） 3 周	（4） 4 周	（5） 6 周	（6） 10 周	（7） 14 周	（8） 18 周
Panel A：全样本								
VRP_ATM	0.036 9 (1.21)	0.053 5 (1.12)	0.072 6 (1.38)	0.092 7 (1.14)	0.154 0 (1.35)	0.045 6 (0.30)	−0.061 1 (−0.40)	0.016 1 (0.13)
调整 R^2	0.007	0.008	0.010	0.012	0.022	0.000	0.001	−0.001
VRP_BKM	0.034 1 (1.09)	0.049 5 (1.01)	0.065 9 (1.22)	0.084 3 (0.99)	0.145 0 (1.23)	0.024 6 (0.15)	−0.089 2 (−0.54)	−0.025 2 (−0.18)
调整 R^2	0.006	0.007	0.008	0.010	0.019	0	0.003	−0.001
VRP_CBOE	0.034 1 (1.08)	0.048 7 (0.98)	0.064 4 (1.17)	0.081 4 (0.94)	0.141 0 (1.18)	0.017 3 (0.10)	−0.096 1 (−0.57)	−0.028 3 (−0.20)
调整 R^2	0.006	0.006	0.007	0.009	0.018	−0.001	0.004	0
N	1 186	1 181	1 176	1 171	1 161	1 141	1 121	1 101

续表

解释变量	(1) 1周	(2) 2周	(3) 3周	(4) 4周	(5) 6周	(6) 10周	(7) 14周	(8) 18周
Panel B：不包含2015年的观测值								
VRP_ATM	−0.060 5 (−0.53)	−0.242 0 (−1.34)	−0.372 0 (−1.40)	−0.508 0 (−1.59)	−0.472 0 (−1.20)	−0.470 0 (−1.41)	−0.043 3 (−0.11)	0.125 0 (0.26)
调整 R^2	0.000	0.009	0.015	0.023	0.014	0.009	−0.001	−0.001
VRP_BKM	−0.087 8 (−0.79)	−0.260 0 (−1.51)	−0.394 0 (−1.55)	−0.533 0 (−1.78)	−0.512 0 (−1.41)	−0.603 0* (−2.09)	−0.357 0 (−0.98)	−0.306 0 (−0.71)
调整 R^2	0.002	0.012	0.019	0.028	0.019	0.018	0.004	0.002
VRP_CBOE	−0.085 6 (−0.77)	−0.260 0 (−1.51)	−0.394 0 (−1.55)	−0.531 0 (−1.77)	−0.508 0 (−1.40)	−0.592 0* (−2.05)	−0.343 0 (−0.94)	−0.292 0 (−0.68)
调整 R^2	0.001	0.012	0.019	0.028	0.018	0.017	0.004	0.002
N	970	965	960	955	945	925	905	885

* $p < 0.05$

注：被解释变量为未来1周、2周、3周、4周、6周、10周、14周和18周的收益率，Panel A 和 Panel B 的第（1）、（3）、（5）行分别汇报 VRP_ATM、VRP_BKM、VRP_CBOE 作为解释变量预测性回归的估计结果。为了解决累计收益率样本重叠的问题，我们在括号里汇报了 Newey-West 调整后的 t 值，滞后期设为预测天数的两倍

接下来我们考察 VRP_D（表3.3）和 VRP_U（表3.4）对市场收益率的预测能力。在表3.3中，我们发现作为 VRP 主要组成成分的 VRP_D，对未来1周、2周、3周、4周、6周、10周、14周和18周的收益率都没有预测能力。在第（3）行中，我们发现 IV_D 在大多数时间里对收益率并没有显著的预测能力，仅在对未来18周收益率的预测中，我们发现 IV_D 的回归系数在0.05的显著性水平下显著，呈现出微弱的预测能力。在第（5）行 RV_D 对市场收益率的预测中，回归系数和 RV 基本类似，这表明 RV_D 对市场收益率也有一定的预测能力。在 Panel B 中，我们剔除2015年的数据后，RV_D 的预测能力基本消失，这表明 RV_D 在极端市场波动中才能更好地表现出预测能力。上述结果和国外的结果存在较大的差异。Kilic 和 Shaliastovich（2019）、Feunou 等（2018）都发现在美国市场 VRP_D 可以显著正向预测未来的收益率，但我们在中国的市场上并没有发现这样的关系，VRP_D 并不能显著预测未来的收益。

表 3.3 VRP_D 对市场收益率的预测能力

解释变量	(1) 1周	(2) 2周	(3) 3周	(4) 4周	(5) 6周	(6) 10周	(7) 14周	(8) 18周
Panel A：全样本								
VRP_D	0.052 2 (1.17)	0.086 0 (1.15)	0.088 7 (0.81)	0.105 0 (0.68)	0.226 0 (1.18)	0.105 0 (0.42)	−0.094 4 (−0.39)	−0.141 0 (−0.76)
调整 R^2	0.004	0.007	0.005	0.005	0.016	0.001	0.001	0.003
IV_D	−0.021 2 (−0.60)	−0.062 0 (−1.08)	−0.136 0 (−1.29)	−0.180 0 (−1.23)	−0.189 0 (−0.90)	−0.335 0 (−1.12)	−0.424 0 (−1.41)	−0.655 0* (−2.38)
调整 R^2	0	0.005	0.017	0.023	0.016	0.032	0.044	0.104
RV_D	−0.069 4 (−1.76)	−0.146 0*** (−3.45)	−0.236 0** (−3.03)	−0.301 0* (−2.48)	−0.416 0* (−2.12)	−0.484 0* (−2.48)	−0.419 0** (−2.65)	−0.651 0*** (−3.75)
调整 R^2	0.010	0.026	0.044	0.055	0.066	0.058	0.036	0.087
N	1 186	1 181	1 176	1 171	1 161	1 141	1 121	1 101
Panel B：不包含 2015 年的观测值								
VRP_D	−0.136 (−0.74)	−0.287 (−0.85)	−0.399 (−0.84)	−0.590 (−1.07)	−0.514 (−0.82)	−0.480 (−0.82)	−0.353 (−0.45)	−0.175 (−0.18)
调整 R^2	0.002	0.007	0.009	0.017	0.009	0.005	0.001	−0.001
IV_D	−0.108 (−1.03)	−0.203 (−1.06)	−0.244 (−0.98)	−0.284 (−1.09)	−0.333 (−1.04)	−0.661 (−1.37)	−0.630 (−1.40)	−0.572 (−1.04)
调整 R^2	0.005	0.011	0.011	0.012	0.012	0.034	0.022	0.015
RV_D	−0.127 (−1.07)	−0.218 (−1.03)	−0.226 (−0.78)	−0.177 (−0.49)	−0.326 (−0.57)	−1.008 (−1.30)	−1.030 (−1.49)	−1.037 (−1.10)
调整 R^2	0.003	0.006	0.004	0.001	0.005	0.039	0.030	0.024
N	970	965	960	955	945	925	905	885

* $p<0.05$，** $p<0.01$，*** $p<0.001$

注：被解释变量为未来 1 周、2 周、3 周、4 周、6 周、10 周、14 周和 18 周的收益率，Panel A 和 Panel B 的第（1）、（3）、（5）行分别汇报 VRP_D、IV_D 和 RV_D 作为解释变量预测性回归的估计结果。为了解决累计收益率样本重叠的问题，我们在括号里汇报了 Newey-West 调整后的 t 值，滞后期数设为预测天数的两倍

表 3.4 VRP_U 对市场收益率的预测能力

解释变量	(1)	(2)	(3)	(4)	(5)	(6)	(7)	(8)
	1 周	2 周	3 周	4 周	6 周	10 周	14 周	18 周

Panel A：全样本

解释变量	(1)	(2)	(3)	(4)	(5)	(6)	(7)	(8)
VRP_U	0.060 7 (1.14)	0.078 6 (0.86)	0.114 0 (0.84)	0.151 0 (0.73)	0.248 0 (1.05)	0.042 8 (0.16)	−0.096 2 (−0.41)	0.101 0 (0.48)
调整 R^2	0.006	0.005	0.007	0.010	0.018	−0.001	0.001	0.001
IV_U	−0.066 1 (−0.75)	−0.240 0* (−2.21)	−0.450 0*** (−3.80)	−0.637 0*** (−4.62)	−0.850 0*** (−4.68)	−1.620 0*** (−7.73)	−1.798 0*** (−5.82)	−1.936 0*** (−5.35)
调整 R^2	0.003	0.023	0.055	0.083	0.093	0.219	0.225	0.256
RV_U	−0.061 3 (−1.60)	−0.126 0** (−3.29)	−0.213 0*** (−3.44)	−0.294 0** (−3.15)	−0.424 0** (−2.92)	−0.512 0*** (−3.73)	−0.467 0*** (−3.48)	−0.644 0*** (−3.58)
调整 R^2	0.009	0.021	0.041	0.059	0.077	0.073	0.051	0.095
N	1 186	1 181	1 176	1 171	1 161	1 141	1 121	1 101

Panel B：不包含 2015 年的观测值

解释变量	(1)	(2)	(3)	(4)	(5)	(6)	(7)	(8)
VRP_U	−0.096 5 (−0.42)	−0.535 0 (−1.39)	−0.829 0 (−1.43)	−1.053 0 (−1.49)	−0.884 0 (−1.00)	−1.469 0* (−2.01)	−0.604 0 (−0.48)	−0.446 0 (−0.32)
调整 R^2	0	0.011	0.017	0.023	0.011	0.023	0.002	0.000
IV_U	−0.181 0 (−1.55)	−0.394 0 (−1.71)	−0.536 0 (−1.77)	−0.609 0 (−1.85)	−0.758 0 (−1.85)	−1.294 0* (−2.48)	−0.969 0 (−1.30)	−0.929 0 (−0.99)
调整 R^2	0.007	0.022	0.026	0.027	0.031	0.064	0.026	0.019
RV_U	−0.254 0 (−1.71)	−0.404 0 (−1.51)	−0.503 0 (−1.43)	−0.520 0 (−1.18)	−0.840 0 (−1.17)	−1.447 0 (−1.54)	−1.314 0 (−1.59)	−1.322 0 (−1.18)
调整 R^2	0.009	0.014	0.014	0.011	0.023	0.048	0.029	0.024
N	970	965	960	955	945	925	905	885

* $p < 0.05$，** $p < 0.01$，*** $p < 0.001$

注：被解释变量为未来 1 周、2 周、3 周、4 周、6 周、10 周、14 周和 18 周的收益率，Panel A 和 Panel B 的第（1）、（3）、（5）行分别汇报 VRP_U、IV_U 和 RV_D 作为解释变量预测性回归的估计结果。为了解决累计收益率样本重叠的问题，我们在括号里汇报了 Newey-West 调整后的 t 值，滞后期设为预测天数的两倍

在表 3.4 中，VRP_U 对未来 1 周到 18 周的收益率都没有预测能力，这表明 VRP 及其分解出来的 VRP_U 和 VRP_D 对市场收益率都没有预测能力。在第（3）行中，我们发现 IV_U 在 2 周、3 周、4 周、6 周、10 周、14 周和 18 周都有显著的预测能力，3 周之后估计系数的显著性水平都在 0.01 之下，拟合的调整 R^2 也从 2 周的 2.3%增加到 18 周的 25.6%。让人意外的是，IV_U 的预测能力要好于 IV 本身。市场预期向上的波动越大，即 IV 越大，未来一段时间的累计收益率反而越小。根据第（5）行的数据可以看出 RV_U 对市场收益率也有一定的预测能力。在第（5）行 RV_U 对市场收益率的预测中，回归系数和 RV 基本类似，这表明 RV_U 对市场收益率也有一定的预测能力。在剔除 2015 年的样本后，无论是 VRP，还是 IV_U 和 RV_U 基本上都失去预测能力。仅 VRP_U 和 IV_U 对未来 10 周的收益率有一定的预测能力，且只在 0.05 的显著性水平下显著。上述结论和文献中对 VRP_U 的研究基本一致，Kilic 和 Shaliastovich（2019）、Feunou 等（2018）在美国市场上同样没有发现显著的结果。

总的来说，VRP 对未来超额收益率并没有预测能力。这一点和国外的相关研究并不相同。中国市场的独特特征，特别是股灾之后国家队的救市行为可能导致上述结果。股灾期间，监管层于 2015 年 7 月 6 日宣布救市，而后国家队在较长的时间内均活跃在市场内。根据公开报道，国家队在整个市场的持股比例一度曾高达 6%[①]。市场的微观结构因为国家队的存在发生了较大变化。由于政府救市以蓝筹股为主，和上证 50ETF 的成本股高度重合，政府救市会降低市场的预期波动率，期权市场的波动率动态特征也受到影响。

3.2.3 样本外预测能力

Welch 和 Goyal（2008）认为由于模型估计参数的不稳定性，仅基于样本内的预测常常会高估变量的预测能力。与样本内预测经常出现不稳定的结果不同，样本外预测与真实情况更加相符，我们有必要重新考察 VRP 以及其他隐含信息在样本外的预测能力。

基于扩展样本法（expanding-window），我们利用过去 t 期已知的信息进行 OLS 回归来预测下一期的收益率。为了使样本外预测的结果更加稳健，实证结果里样本内和样本外应同时包含较大与较小的区间。参考 Kelly 和 Pruitt（2013）、Detzel 等（2020），我们把样本内区间分别划分为总样本的 25%、75%、90%。样本内区间主要用于初始训练模型。首先利用样本内的区间得到回归模型的各个系数，其

[①] 参考 CNBC 的报道，https://www.cnbc.com/2015/11/27/chinas-national-team-stock-market-ownership.html，2015-11-27。

次利用这些系数计算下一期的预测值。样本内区间越小,那么样本外需要预测的长度也就越大。

参考 Campbell 和 Thompson(2008)的方法,我们采用样本外 R^2 预测模型相对于历史平均收益预测 MSPE 的缩减比例。和样本内 R^2 定义类似,样本外 R^2 可以被定义为

$$R_{os}^2 = 1 - \frac{\sum_{k=1}^{q}(r_{m+k} - \hat{r}_{m+k})^2}{\sum_{k=1}^{q}(r_{m+k} - \bar{r}_{m+k})^2} \tag{3.4}$$

同时,我们参照 Clark 和 West(2007)计算 MSPE-adjusted 统计量去检验 R_{os}^2 是否显著大于 0。我们的原假设 H_0:$R_{os}^2 = 0$,备择假设 H_A:$R_{os}^2 > 0$。通常的操作步骤如下:

$$f_{t+1} = (r_{t+1} - \bar{r}_{t+1})^2 - \left[(r_{t+1} - \hat{r}_{t+1})^2 - (\bar{r}_{t+1} - \hat{r}_{t+1})^2\right] \tag{3.5}$$

然后我们把计算得到的 f_{t+1} 对常数项进行回归,其对应的 P 值就是常数项基于正态分布的上侧回归。

我们选择 25%、50%、90%等三个区间来判定样本外预测能力。如果区间内的 $R_{os}^2 > 0$,且 P 值<5%,那么此时我们认定为其具有样本外的预测能力。

因为 MSFE-adjusted 统计量作为样本预测能力的检验标准并不是百分之百准确,根据 OLS 公式,f_{t+1} 对常数项回归的常数项为

$$\text{constant} = \frac{\sum(r-\bar{r})^2 - \left[\sum(r-\hat{r})^2 - \sum(\bar{r}-\hat{r})^2\right]}{N} \tag{3.6}$$

其中,$R_{os}^2 > 0$,constant > 0;当 $R_{os}^2 < 0$ 且 $\sum(\bar{r}-\hat{r})^2$ 比较大时,那么其对应的 P 值可能小于 5%,此时,我们认定其没有样本外预测能力。

接下来我们分别汇报 VRP、IV 和 RV 在样本外的预测效果。和样本内预测一样,我们的预测区间分别为未来 1 周、2 周、3 周、4 周、6 周、10 周、14 周和 18 周的超额收益率。我们依照 25%、50%和 90%划分样本内区间,并汇报每个变量的样本外 R^2、t 值和 P 值(表 3.5)。

表 3.5 VRP、IV 和 RV 的样本外预测结果

样本内区间	预测区间	VRP			IV			RV		
		样本外 R^2	t 值	P 值	样本外 R^2	t 值	P 值	样本外 R^2	t 值	P 值
25%	1 周	0.07%	0.73	0.23	0.31%	2.11	0.02	0.71%	3.19	0
50%	1 周	0	0.27	0.39	−0.10%	−0.08	0.53	−0.15%	0.24	0.41

续表

样本内区间	预测区间	VRP			IV			RV		
		样本外 R^2	t 值	P 值	样本外 R^2	t 值	P 值	样本外 R^2	t 值	P 值
90%	1 周	−0.33%	−1.54	0.94	−0.56%	−0.54	0.70	−1.32%	−0.67	0.75
25%	2 周	−0.04%	0.13	0.45	1.68%	4.80	0	1.68%	4.73	0
50%	2 周	−0.26%	−0.92	0.82	−0.10%	0.73	0.23	−0.39%	0.35	0.36
90%	2 周	−0.79%	−2.84	1.00	−2.13%	−0.58	0.72	−3.32%	−1.02	0.85
25%	3 周	−0.11%	−0.20	0.58	2.35%	6.15	0	2.09%	5.61	0
50%	3 周	−0.43%	−1.60	0.94	−0.43%	1.04	0.15	−0.92%	0.25	0.40
90%	3 周	−1.08%	−2.79	1.00	−7.48%	−0.95	0.83	−8.01%	−1.46	0.93
25%	4 周	−0.23%	−0.63	0.73	3.21%	7.45	0	2.76%	6.71	0
50%	4 周	−0.68%	−2.20	0.99	−0.48%	1.38	0.08	−1.34%	0.25	0.40
90%	4 周	−0.43%	−1.00	0.84	−10.68%	−1.21	0.89	−9.27%	−1.30	0.90
25%	6 周	0.13%	0.97	0.17	6.51%	9.79	0	6.10%	9.58	0
50%	6 周	−0.58%	−0.90	0.82	0.64%	2.51	0.01	−0.12%	1.90	0.03
90%	6 周	−2.86%	−2.42	0.99	−4.32%	0.14	0.45	−8.60%	−0.83	0.80
25%	10 周	0.18%	3.41	0.00	17.98%	15.94	0	13.19%	14.77	0
50%	10 周	−0.08%	−0.93	0.82	4.30%	5.49	0	3.04%	4.44	0
90%	10 周	−0.60%	−1.62	0.95	4.03%	2.81	0	0.87%	1.75	0.04
25%	14 周	−1.08%	−9.92	1.00	18.40%	16.03	0	5.65%	10.09	0
50%	14 周	−0.39%	−3.09	1.00	2.08%	3.79	0	2.20%	3.75	0
90%	14 周	0.91%	2.36	0.01	16.61%	6.86	0	5.52%	4.10	0
25%	18 周	−1.09%	−11.54	1.00	20.69%	16.97	0	7.48%	11.28	0
50%	18 周	−0.29%	−5.71	1.00	3.54%	4.50	0	4.12%	5.17	0
90%	18 周	−0.37%	−1.67	0.95	5.24%	2.55	0.01	5.61%	4.87	0

注：我们汇报了样本内区间为 25%、50% 和 90% 的情况下，未来 1 周、2 周、3 周、4 周、6 周、10 周、14 周和 18 周的样本外 R^2，同时给出 MSFE-adjusted 统计量 t 值及对应的 P 值，当样本外 R^2 为正时，同时统计量拒绝原假设，那么表明预测性回归相对于均值具有样本外预测能力

从表 3.5 中来看，VRP 对未来的收益率并没有样本外的预测能力，R_{os}^2 在多个预测区间均为负值，VRP 并没有表现出稳定的样本外预测能力。当样本内区间为总样本的 25% 时，IV 对于未来 1 周、2 周、3 周、4 周、6 周、10 周、14 周和 18 周的收益率具有较好的预测能力，且随着预测期限的增加，R_{os}^2 的数值逐渐增大。

我们注意到不同样本内区间的选取，对 R_{os}^2 的影响较大。以 1 周为例，当样本内区间为 25%总样本时，R_{os}^2 的数值达到了 0.31%，在 0.05 的显著性水平下显著；在 50%的样本内区间，R_{os}^2 的数值只有−0.10%；在 90%的样本内区间，R_{os}^2 的数值为−0.56%。不稳定的 R_{os}^2 在一定程度上反映了中国的期权市场仍然处于快速变化当中，市场行情的波动在一定程度上影响了结果的稳健性。同时，我们注意到 IV 对未来 10 周、14 周和 18 周有着较好的预测能力，不同的样本内区间选取，都能带来显著为正的 R_{os}^2。这表明 IV 具有较好的中长期预警能力。RV 和 IV 的样本外结果类似，其也对未来 10 周、14 周和 18 周的收益率具有相对稳定的预测能力，R_{os}^2 数值波动范围较大，在 0.87%到 13.19%之间，但其在统计上均显著。

我们样本外结果的检验，是基于 2015~2019 年全部期权交易数据进行的。在前述样本内的检验中，我们发现 IV 对未来 14 周和 18 周的收益率有着一定的预测能力。这种预测能力在样本外结果中进一步得到证实，表明 IV 对中长期的收益率有着更好的预测能力，可以作为一个中长期的风险预警指标。

下面我们在表 3.6 中汇报 VRP_D、IV_D 和 RV_D 的样本外预测结果。

表 3.6 VRP_D、IV_D 和 RV_D 的样本外预测结果

样本内区间	预测区间	VRP_D			IV_D			RV_D		
		样本外 R^2	t 值	P 值	样本外 R^2	t 值	P 值	样本外 R^2	t 值	P 值
25%	1 周	−0.23%	−1.40	0.92	0.15%	1.46	0.07	0.61%	3.01	0
50%	1 周	−0.02%	0.15	0.44	−0.09%	−0.34	0.63	−0.30%	−0.01	0.50
90%	1 周	−0.33%	−1.30	0.90	−0.43%	−0.76	0.78	−1.96%	−1.08	0.86
25%	2 周	−0.58%	−3.17	1.00	0.93%	3.74	0	1.51%	4.57	0
50%	2 周	−0.22%	−0.90	0.82	−0.11%	0.21	0.42	−0.66%	0.14	0.44
90%	2 周	−0.82%	−2.28	0.99	−1.44%	−1.01	0.84	−5.26%	−1.75	0.96
25%	3 周	−0.66%	−3.92	1.00	2.13%	5.39	0.00	1.72%	5.35	0
50%	3 周	−0.34%	−1.65	0.95	−0.27%	0.50	0.31	−1.39%	−0.05	0.52
90%	3 周	−0.96%	−2.58	1.00	−4.99%	−1.51	0.93	−12.11%	−2.46	0.99
25%	4 周	−0.98%	−5.08	1.00	3.10%	6.59	0	2.34%	6.35	0
50%	4 周	−0.56%	−2.45	0.99	−0.18%	0.87	0.19	−1.86%	−0.10	0.54
90%	4 周	−0.55%	−1.65	0.95	−6.33%	−1.70	0.96	−13.32%	−2.24	0.99
25%	6 周	−1.77%	−5.03	1.00	3.67%	8.10	0	5.76%	9.21	0
50%	6 周	−0.74%	−1.58	0.94	0.48%	1.87	0.03	−0.51%	1.58	0.06

续表

样本内区间	预测区间	VRP_D 样本外 R^2	VRP_D t 值	VRP_D P 值	IV_D 样本外 R^2	IV_D t 值	IV_D P 值	RV_D 样本外 R^2	RV_D t 值	RV_D P 值
90%	6 周	−3.94%	−3.41	1.00	−2.11%	−0.37	0.64	−13.75%	−2.00	0.98
25%	10 周	−0.88%	−9.91	1.00	7.29%	12.37	0	12.42%	14.72	0
50%	10 周	−0.21%	−1.95	0.97	2.45%	4.40	0	3.33%	4.77	0
90%	10 周	−3.43%	−4.32	1.00	5.90%	3.48	0	−6.80%	−0.44	0.67
25%	14 周	0.20%	3.56	0	5.26%	8.90	0	3.10%	6.20	0
50%	14 周	−0.06%	−0.57	0.72	1.96%	3.42	0	2.23%	3.95	0
90%	14 周	2.28%	4.71	0	11.96%	7.15	0	0.75%	1.33	0.09
25%	18 周	0.28%	4.23	0	10.03%	13.10	0	6.15%	9.45	0
50%	18 周	−0.08%	−0.51	0.69	3.78%	4.62	0	4.30%	5.37	0
90%	18 周	1.90%	3.30	0	9.99%	5.76	0	0.48%	1.35	0.09

从表 3.6 中来看，VRP_D 对未来的收益率并没有样本外的预测能力，R_{os}^2 在多个预测区间均为负值，这表明基于 VRP_D 的预测性回归并不如简单的均值预测效果好。IV_D 则表现出一定的预测能力。当样本内区间为总样本的 25% 时，IV_D 对未来的 1 周、2 周、3 周、4 周、6 周、10 周、14 周和 18 周预测的 R_{os}^2 数值均为正。不同样本内取样区间，会带来不稳定的结果。以 IV_D 对 2 周收益率的预测效果为例，当样本内区间为总区间的 25% 时，样本外 R^2 为 0.93%，根据 MSFE-adjusted 的统计量，R^2 显著大于 0，表明其具有预测能力，然而当样本内区间为 50% 时，MSFE-adjusted 的统计量只有 0.21，对应的 P 值并不能显著大于 0，这表明其并不具备样本外的预测能力。当样本内区间为 90% 时，样本外的预测效果更加糟糕，样本外 R^2 为−1.44%。IV_D 对于未来 10 周、14 周和 18 周的收益率具有较好的预测能力，且不同样本内区间的选取，R_{os}^2 的数值均显著为正，在 1.96% 到 11.96% 之间。和 IV 的样本外预测结果类似，不同样本内区间的选取，对 R_{os}^2 的影响较大。和 RV 的预测结果类似，向下已实现波动率（RV_D）也对未来 14 周和 18 周的收益率具有一定的预测能力，R_{os}^2 数值变化差异较大，但统计上仍表现出一定的显著性。

表 3.7 汇报了 VRP_U、IV_U 和 RV_U 的样本外预测结果。

表 3.7 VRP_U、IV_U 和 RV_U 的样本外预测结果

样本内区间	预测区间	VRP_U			IV_U			RV_U		
		样本外 R^2	t 值	P 值	样本外 R^2	t 值	P 值	样本外 R^2	t 值	P 值
25%	1 周	0.28%	1.72	0.04	0.52%	2.76	0	0.77%	3.34	0
50%	1 周	-0.02%	0.22	0.41	-0.05%	0.28	0.39	-0.04%	0.49	0.31
90%	1 周	-0.23%	-0.50	0.69	-0.45%	-0.19	0.58	-0.73%	-0.27	0.61
25%	2 周	0.30%	1.98	0.02	2.16%	5.66	0	1.77%	4.86	0
50%	2 周	-0.25%	-0.80	0.79	0.08%	1.45	0.07	-0.17%	0.57	0.29
90%	2 周	-0.49%	-1.13	0.87	-1.97%	0.09	0.46	-1.61%	-0.30	0.62
25%	3 周	0.40%	2.24	0.01	1.72%	6.78	0	2.38%	5.82	0
50%	3 周	-0.43%	-1.20	0.88	-0.29%	1.76	0.04	-0.53%	0.56	0.29
90%	3 周	-0.78%	-1.16	0.88	-7.71%	-0.07	0.53	-4.28%	-0.46	0.68
25%	4 周	0.57%	2.66	0	1.00%	7.98	0	3.13%	7.00	0
50%	4 周	-0.61%	-1.46	0.93	-0.67%	1.98	0.02	-0.88%	0.62	0.27
90%	4 周	-0.13%	0.01	0.50	-13.52%	-0.48	0.68	-5.29%	-0.35	0.64
25%	6 周	1.51%	4.82	0	4.85%	10.45	0	6.37%	9.81	0
50%	6 周	-0.36%	-0.19	0.58	0.39%	3.11	0	0.18%	2.16	0.02
90%	6 周	-0.69%	-0.40	0.66	-6.30%	0.90	0.18	-3.43%	0.45	0.33
25%	10 周	-0.47%	-8.77	1.00	18.20%	16.70	0	13.46%	14.58	0
50%	10 周	-0.18%	-3.97	1.00	4.83%	6.62	0	2.57%	3.99	0
90%	10 周	0.73%	4.57	0	-11.35%	1.52	0.06	8.26%	3.80	0
25%	14 周	-4.37%	-15.05	1.00	26.82%	16.88	0	7.58%	12.42	0
50%	14 周	-1.02%	-5.10	1.00	-1.64%	3.48	0	2.00%	3.43	0
90%	14 周	-1.35%	-3.48	1.00	10.17%	5.03	0	10.24%	6.65	0
25%	18 周	-2.83%	-12.24	1.00	29.57%	17.96	0	8.42%	12.58	0
50%	18 周	-0.22%	-5.61	1.00	0.13%	3.69	0	3.78%	4.82	0
90%	18 周	1.05%	7.20	0	-17.80%	-0.86	0.81	10.13%	7.99	0

VRP_U 在不同的预测期限内都不具备显著的预测能力,样本外 R^2 基本上都是负值,同时对应 MSFE-adjusted 统计量 t 值也证实了上述结果。和前述结果类似,当样本内区间为全部样本的 25% 时,IV_U 在未来 1 周、2 周、3 周、4 周、6 周、

10周、14周和18周收益率的样本外预测中表现出显著的预测能力。当样本内区间选取为50%和90%时,主要的结果发生剧烈波动。特别是当样本内区间为90%时,样本外 R^2 的结果几乎全部为负值。

不同取样结果会导致样本外 R^2 波动剧烈,一方面基于日度数据进行预测,数据里充满了比较大的噪声;另一方面中国的期权市场仍然处在发展的早期阶段。

经过上述样本内的预测性回归和样本外 R^2 的检验,我们发现 VRP、VRP_U 和 VRP_D 在样本内/外均不具备预测能力。这一点和成熟市场的发现有着较大的差别。在以美国为代表的成熟市场研究中,VRP 通常被认为是宏观经济不确定性或者投资者风险规避程度的代表,但在中国的上证 50 指数市场中,由于在过去一段里,政府通过国家队救市的方式改变了市场的微观结构,进一步影响投资者的预期。投资者对未来市场走势的预期在期权市场上被扭曲,故我们对 VRP 的经济学意义持保留态度。

IV 包括 IV_D 和 IV_U,在不同的预测区间里表现出一定的预测能力。总的来说,以 1 周和 2 周为代表的短期预测能力较差,这一点在样本内和样本外都得到确认。其在较长期的预测区间里,如 10 周以后,则表现出显著的样本内外预测能力。这表明隐含方差,特别是隐含波动率(IV)和向下隐含方差(IV_D)可以作为中长期的风险预警指标。投资者可以根据风险预警的结果,进行投资组合的调整。

让人意外的是,基于高频数据计算的已实现波动率(RV、RV_D 和 RV_U)在样本内外具有显著的预测能力。当前的波动越大,未来的收益越低,而在成熟市场上,参考 Feunou 等(2018)基于已实现波动率对指数收益率则没有显著的预测能力。

我们的样本外预测是基于全部的数据完成的,其中包括 2015 年股价剧烈波动的时间段。样本外预测结果基本上和前述全样本回归结果保持一致,这表明上证 50ETF 收益率的可预测性并不是由于小样本偏差引起的。投资者可以利用 IV 和 RV 的预测能力进行获益。

3.2.4 预测能力在资产配置上的应用

在检查期权隐含信息的预测能力外,我们考察一个均值-方差投资者在无风险利率的债券和股票上分配资产。假设投资者在每个 t 月根据股票收益率的预测值进行下一期 $t+1$ 的资产配置,则其资产配置比例为

$$w_{\text{stock},\ t} = \frac{1}{\gamma} \frac{\hat{r}_{t+1}}{\hat{\sigma}_{t+1}^2} \qquad (3.7)$$

其中，γ 为投资者的风险规避程度；$\hat{r}_{t+1}$ 为预测性回归得出的股票收益率；$\hat{\sigma}_{t+1}^2$ 为未来收益率的方差。参考 Campbell 和 Thompson（2008）的研究，我们在此用过去 10 年的收益率方差作为代表，事实上选择其他长度来衡量收益率方差，我们的结果也基本保持不变。由于基于历史信息的 M-V 模型会产生较大的偏差，我们将组合的权重限制在-0.5 和 1.5 之间，即当生成的权重小于-0.5 时，我们设定权重为-0.5；当生成的权重大于 1.5 时，我们设定权重为 1.5。剩余的资产分配到无风险利率的债券上，并保证投资的总权重为 1，即债券的权重为

$$w_{\text{bond},t} = 1 - \frac{1}{\gamma}\frac{\hat{r}_{t+1}}{\hat{\sigma}_{t+1}^2} \tag{3.8}$$

投资者如果基于上述比例进行资产配置，则可以得到如下的效用或者确定性等值（certainty equivalent return，CER）：

$$\text{CER} = \bar{R}_p - 0.5\gamma\sigma_p^2 \tag{3.9}$$

其中，$\bar{R}_p$ 和 σ_p^2 分别为投资组合在预测期间内的收益率均值和方差；CER 为投资者愿意为持有风险资产而付出的成本。我们基于过去的历史均值计算确定性等值 CER，同时定义 CER 增加值为基于预测性回归计算出的 CER 减去基于历史均值计算出来的 CER。投资者预测收益率的目的在于提高投资组合的表现。因此年化 CER 增加值可以理解成当使用预测性回归之后，投资者愿意支付的管理费，它提供了一种非常直观的经济学解释。

因为预测区间涉及不同的区间，我们假定投资者再平衡的周期和预测周期一致，以持仓周期 2 周为例来说明。投资者在预测完未来 2 周的收益后，按照计算出的持仓比例持有头寸 2 周，之后循环上述过程。

我们研究投资者在不同样本内区间选择情况下，CER 增加值的表现。此处我们选择 γ 等于 3。表 3.8 汇报了 VRP、IV 和 RV 的样本外 CER 增加值。我们发现对于 VRP 来讲，样本外的 CER 增加值均为负或者微小的正值，这和前述 VRP 没有预测能力的结论是一致的。对于 IV 来讲，当样本内区间为 25%和 50%时，其 CER 增加值几乎全为正，表明其预测效果具有较强的经济价值。当我们选择的样本内区间为 90%时，我们发现大部分的 CER 不为正，这表明样本内区间影响了预测的经济意义。由于我们的样本期较短，这一结果可能包含一定的噪声。尽管如此，我们注意到在预测周期为 2 周、6 周和 14 周的时候，其表现出显著的经济价值。当调仓周期为 2 周时，投资者的 CER 增加值则会因为样本内区间的选择而有较大差异，CER 增加值的范围在 0.10%~2.45%；当调仓周期为 6 周时，投资者得到的 CER 增加值达到 3.73%~4.75%。当调仓周期为 14 周时，均值-方差投资者得到的 CER 增加值可以达到 1.18%~2.04%。基于 RV 的预测效果和 IV 基本类似，我们可以认为基于 IV 进行收益率预测可以产生显著的经济价值，值

得投资者重视。

表 3.8 VRP、IV 和 RV 的样本外 CER 增加值

样本内区间	预测区间	VRP	IV	RV
25%	1 周	−1.41%	2.54%	3.86%
50%	1 周	−1.65%	1.46%	1.20%
90%	1 周	−2.00%	−0.33%	−2.38%
25%	2 周	0.17%	2.45%	3.13%
50%	2 周	−0.66%	1.21%	1.14%
90%	2 周	−0.03%	0.10%	0.08%
25%	3 周	0.00%	5.04%	4.45%
50%	3 周	0.32%	−0.56%	0.16%
90%	3 周	−0.10%	−3.38%	−3.03%
25%	4 周	−0.53%	5.13%	3.65%
50%	4 周	0.25%	−0.06%	0.66%
90%	4 周	0.37%	−0.48%	0.30%
25%	6 周	0.40%	3.73%	4.96%
50%	6 周	0.09%	4.14%	4.00%
90%	6 周	−2.41%	4.75%	1.27%
25%	10 周	−0.07%	5.91%	3.24%
50%	10 周	−0.12%	5.59%	2.77%
90%	10 周	0.45%	−1.29%	1.48%
25%	14 周	−0.26%	2.04%	1.04%
50%	14 周	−0.36%	1.18%	1.06%
90%	14 周	−0.12%	1.37%	1.16%
25%	18 周	−0.04%	0.47%	0.34%
50%	18 周	0.02%	3.63%	1.30%
90%	18 周	−0.61%	−9.06%	−0.32%

接下来我们考察 VRP 的组成部分 VRP_U 和 VRP_D 的样本外 CER 增加值。实证结果见表 3.9。总的来看，VRP_D 的样本外 CER 增加值基本上为负或者相对较小的正值。IV_D 的结果基本和前述 IV 的结果类似，但在不同样本内区间的取

值时，表现得更加稳健。当样本内区间取值为 25% 时，CER 增加值表明预测具有较强的经济意义。当样本内区间为 50%~90% 时，仅调仓周期为 6 周、10 周和 14 周的 CER 增加值为正，数值在 0.36%~2.48%。相较于 IV_D，RV_D 的结果仅在第 10 周和 14 周有稳定的结果，它在其他预测周期内并没有一致为正的 CER 增加值。

表 3.9　VRP_D、IV_D 和 RV_D 的样本外 CER 增加值

样本内区间	预测区间	VRP_D	IV_D	RV_D
25%	1 周	−1.35%	1.26%	4.07%
50%	1 周	−0.89%	0.80%	1.69%
90%	1 周	−1.24%	−0.66%	−3.62%
25%	2 周	−0.47%	1.10%	2.93%
50%	2 周	0.01%	0.43%	1.54%
90%	2 周	−0.27%	−0.33%	−1.33%
25%	3 周	−0.37%	2.87%	4.77%
50%	3 周	0.74%	−0.99%	−0.05%
90%	3 周	−0.04%	−2.03%	−3.75%
25%	4 周	−0.85%	3.07%	3.56%
50%	4 周	0.30%	−0.29%	0.42%
90%	4 周	−0.06%	−0.88%	−1.78%
25%	6 周	−0.18%	1.61%	4.89%
50%	6 周	−0.52%	1.97%	3.44%
90%	6 周	−3.86%	2.48%	−1.52%
25%	10 周	−0.39%	2.28%	2.88%
50%	10 周	−0.17%	2.29%	2.91%
90%	10 周	0.11%	0.36%	0.92%
25%	14 周	−0.11%	0.62%	1.01%
50%	14 周	−0.18%	0.45%	1.12%
90%	14 周	−0.03%	1.09%	1.21%
25%	18 周	0.04%	0.27%	0.01%
50%	18 周	0.10%	2.00%	1.43%
90%	18 周	−0.61%	−3.11%	−0.55%

表 3.10 汇报了 VRP_U、IV_U 和 RV_U 的样本外 CER 增加值。VRP_U 在大多数预测区间（调仓周期）里没有正的 CER 增加值，仅 6 周的调仓周期下 CER 增加值为 0.11%~0.81%，但数值较小。在 CER 增加值的表现上，IV_U 的结果较前述的 IV 和 IV_D 有更好的表现，其在 1 周、2 周、4 周、6 周和 14 周都有稳定的 CER 增加值，且 CER 增加值在不同的样本内区间选取时保持稳定。我们注意到 IV_U 负的 CER 增加值，主要集中在样本内区间取值为 90%时，而 RV_U 在未来 2 周、4 周、6 周、10 周和 14 周均有比较稳定的 CER 增加值。

表 3.10 VRP_U、IV_U 和 RV_U 的样本外 CER 增加值

样本内区间	预测区间	VRP_U	IV_U	RV_U
25%	1 周	−1.02%	4.27%	3.57%
50%	1 周	−1.88%	2.22%	0.71%
90%	1 周	−2.05%	0.99%	−1.23%
25%	2 周	0.56%	3.97%	3.19%
50%	2 周	−0.99%	3.66%	0.72%
90%	2 周	0.18%	1.70%	1.27%
25%	3 周	0.28%	7.16%	4.03%
50%	3 周	−0.44%	1.81%	0.29%
90%	3 周	−0.16%	−4.50%	−2.35%
25%	4 周	0.05%	7.01%	3.62%
50%	4 周	−0.05%	1.17%	0.81%
90%	4 周	0.75%	1.61%	2.32%
25%	6 周	0.81%	8.61%	4.85%
50%	6 周	0.58%	7.03%	4.43%
90%	6 周	0.11%	7.50%	3.96%
25%	10 周	−0.08%	10.14%	3.46%
50%	10 周	−0.15%	10.42%	2.52%
90%	10 周	0.34%	−7.65%	2.00%
25%	14 周	−0.42%	5.04%	1.00%
50%	14 周	−0.49%	2.78%	0.92%
90%	14 周	−0.18%	0.43%	1.06%

续表

样本内区间	预测区间	VRP_U	IV_U	RV_U
25%	18 周	−0.05%	1.03%	0.65%
50%	18 周	−0.15%	5.55%	1.14%
90%	18 周	0.12%	−9.20%	−0.08%

综上所述，VRP 及其分解出来 VRP_U、VRP_D 在样本内外没有显著的预测能力，此外，CER 增加值也为负。IV 及其分解出来的 IV_U、IV_D 在样本内外表现出一定的预测能力，同时这种预测能力也具有显著的经济意义。总的来看，RV 及其分解出来的 RV_U、RV_D 预测能力更强，同时 CER 增加值为正，具有一定的经济价值。CER 增加值为正，表明投资者愿意为预测能力支付溢价。在实务中，CER 增加值可以作为收取投资组合管理费的依据。

3.3　VRP 和宏观经济不确定性

前面我们考察 VRP 的收益率预测能力，很多人把这种预测能力归因于其代表了经济的不确定性。Huang 等（2019）发现好的和坏的波动率与未来经济状况的预期相关，并预示经济活动的加速或者减速。产出、就业和股票价格因坏的波动率冲击而迅速暴跌，而它们对好的波动率冲击的反应温和。不良波动率冲击解释了大部分经济活动和中期股价波动，但作者并不是基于 VRP 来度量不确定性的，而是基于过去一个月股票的最低和最高价格。Qiao 等（2019）基于新兴市场国家的数据，发现 VRP 不但可以预测股价，而且可以预测货币收益率和资本流动。李蒲江和郭彦峰（2017）基于上证 50 期权的数据构造 VRP，发现 VRP 并不能预测居民消费价格指数（consumer price index，CPI）、工业生产价格指数（producer price index，PPI）和企业商品价格指数（corporate good price index，CGPI）。作者把上述现象归因于股市和实体经济发展在样本期内存在较大背离。在本节中，我们试图考察 VRP 对一系列经济指标的预测效果。

我们从 Wind 资讯选取 CPI 月度环比、RPI（retail price index，零售价格指数）月度环比、PPI 月度环比和工业增加值当月同比的数据。我们以 VRP、VRP_U 和 VRP_D 为解释变量，以未来一期的宏观数据为被解释变量。为了避免日内数据的噪声，我们使用当月 VRP、VRP_U 和 VRP_D 的平均值来构造月度 VRP。表 3.11 汇报了 VRP 对宏观经济变量的解释（2015~2019 年）。为了解决时间序列数据之间的自相关,我们汇报基于 Newey-West 调整后的 t 值。

表 3.11　VRP 对宏观经济变量的解释(2015~2019 年)

解释变量	(1) CPI	(2) RPI	(3) PPI	(4) 工业增加值
VRP	0.003 35 (0.01)	0.018 1 (0.04)	1.176** (2.72)	−0.393 (−0.46)
_cons	0.177** (3.43)	0.128* (2.65)	0.098 8 (0.81)	6.098*** (38.17)
N	58	58	58	58
调整 R^2	−0.018	−0.018	0.000	−0.018
VRP_U	0.133 (0.17)	0.230 (0.36)	2.835** (3.45)	0.587 (0.78)
_cons	0.177** (3.40)	0.128* (2.62)	0.111 (0.95)	6.095*** (38.23)
N	58	58	58	58
调整 R^2	−0.018	−0.017	0.022	−0.018
VRP_D	−0.221 (−0.15)	−0.332 (−0.29)	0.451 (0.27)	−3.006 (−0.84)
_cons	0.179** (3.29)	0.131* (2.64)	0.104 (0.80)	6.122*** (35.85)
N	58	58	58	58
调整 R^2	−0.018	−0.017	−0.017	−0.016

* $p<0.05$, ** $p<0.01$, *** $p<0.001$

注:我们以 VRP、VRP_U 和 VRP_D 为解释变量。括号内的 t 值为 Newey-West 滞后 6 阶调整后的结果

我们发现 VRP 并不能预测 CPI、RPI 和工业增加值,但在对 PPI 的预测性回归中,估计系数为 1.176,且在 0.01 的显著性水平下显著。上述预测结果对应的调整 R^2 接近于 0,这表明 VRP 对 PPI 实际预测效果相对有限。接下来我们考察 VRP_U 对宏观变量的预测结果。CPI、RPI 和工业增加值的预测结果基本上和 VRP 保持一致,但 VRP_U 对 PPI 仍然有非常显著的预测能力,估计系数为 2.835,且在 0.01 的显著性水平下显著,调整后 R^2 达到了 2.2%。在第(3)列中,VRP_D 对宏观经济变量仍然没有预测能力。

尽管我们观察到 VRP_U 对 PPI 的预测能力,但我们仍然对上述结果的稳健性

表示怀疑。接下来我们剔除 2015 年的数据,重新解释上述结果,具体参数见表 3.12。

表 3.12　2016~2019 年的实证结果

解释变量	(1) CPI	(2) RPI	(3) PPI	(4) 工业增加值
VRP	2.867 (0.42)	2.107 (0.42)	−3.969 (−0.78)	−28.40 (−1.43)
_cons	0.165 (1.52)	0.128 (1.40)	0.288 (1.87)	6.508*** (18.14)
N	47	47	47	47
调整 R^2	−0.018	−0.019	−0.014	0.002
VRP_U	−0.942 (−0.06)	−2.177 (−0.16)	−18.92 (−1.70)	−42.07 (−1.10)
_cons	0.209 (1.98)	0.168 (1.70)	0.330* (2.47)	6.336*** (21.24)
N	47	47	47	47
调整 R^2	−0.022	−0.022	0.013	−0.013
VRP_D	5.750 (0.68)	4.724 (0.72)	−1.088 (−0.16)	−38.58 (−1.35)
_cons	0.155 (1.77)	0.117 (1.52)	0.243 (1.62)	6.449*** (19.22)
N	47	47	47	47
调整 R^2	−0.012	−0.012	−0.022	0.001

* $p<0.05$,*** $p<0.001$
注:我们以 VRP、VRP_U 和 VRP_D 为解释变量

表 3.12 中的结果显示,当样本区间为 2016~2019 年时,VRP、VRP_U 和 VRP_D 对宏观经济变量均没有预测能力。2015 年由于股票市场的剧烈波动,VRP 出现较多的极端值。如何审视这些极端值对预测能力的影响是一个挑战。总的来说,在当前中国形势下,VRP 并不是一个好的度量经济不确定性的指标,其对宏观经济变量的预测能力受到了极端值的影响,结果并不稳健。

为了进一步印证 VRP 和经济不确定性在中国的关系,我们使用 Baker 等(2016)构造的中国经济政策不确定性(economic policy uncertainty,EPU)指数,并检验

VRP 和 EPU 在时间序列上的格兰杰因果关系，结果见表 3.13。

表 3.13　VRP 和 EPU 的格兰杰因果检验

原假设	卡方值（括号内为 P 值）	结论
EPU 不是 VRP 的格兰杰原因	0.53（0.466 0）	接受原假设
VRP 不是 EPU 的格兰杰原因	1.21（0.270 7）	接受原假设
EPU 不是 VRP_D 的格兰杰原因	0.07（0.797 9）	接受原假设
VRP_D 不是 EPU 的格兰杰原因	0.56（0.454 6）	接受原假设
EPU 不是 VRP_U 的格兰杰原因	1.35（0.244 4）	接受原假设
VRP_U 不是 EPU 的格兰杰原因	1.54（0.215 3）	接受原假设

表 3.13 的检验结果表明，VRP 和 EPU 并不存在时间序列上的因果关系，进一步佐证在中国 VRP 并不是度量宏观经济不确定性的指标。

3.4　VRP 和因子模型

国外的文献曾经讨论过 VRP 能否被经典的定价因子所解释，如 Carr 和 Wu（2009）从时间序列维度出发，考察 VRP 能否被经典的 Fama-French 定价因子解释。也有学者（Han and Zhou，2012）从横截面的角度，利用 VRP 构造投资组合，考察在控制其他因子的前提下，VRP 构造的因子能否产生超额收益。由于中国没有个股期权，我们暂时不能从横截面的角度去考察 VRP。由于 VRP 可以表示为方差互换合约购买者的收益，我们可以利用经典的因子模型去解释这个收益率的来源。我们利用上证 50ETF 期权推导出来的 VRP 来作为市场的 VRP，并考察这些 VRP 能否被定价因子所解释。

回归模型设定为

$$\text{Risk premiums}_t = \alpha + \beta_1 \text{mkt}_t + \beta_2 \text{smb}_t + \beta_3 \text{hml}_t + \beta_4 \text{umd}_t + \beta_5 \text{rmw}_t + \beta_6 \text{cma}_t \quad (3.10)$$

等式的左边，被解释变量包括 VRP、VRP_U、VRP_D、SRP；等式的右边包括市场因子（mkt）、市值因子（smb）、账面市值比因子（hml）、动量因子（umd）、盈利因子（rmw）、投资因子（cma）。在表 3.14 和表 3.15 中，我们试图用因子模型来解释 VRP。

表 3.14 因子模型对 VRP 的解释

解释变量	(1) VRP	(2) VRP	(3) VRP	(4) VRP
mkt_rf	−0.362 (−1.30)	−0.0779 (−0.31)	0.0264 (0.10)	0.278 (0.69)
smb		−0.999 (−1.40)	−1.331 (−1.54)	0.409 (0.30)
hml		0.968* (2.07)	0.691 (1.93)	0.198 (0.22)
umd			−0.940 (−1.79)	−0.875 (−1.61)
rmw				1.829 (1.27)
cma				0.571 (0.48)
_cons	0.00819 (1.43)	0.00822 (1.46)	0.00817 (1.46)	0.00754 (1.34)
N	1 191	1 191	1 191	1 191
调整 R^2	0.006	0.025	0.036	0.045

* $p < 0.05$

注：我们以 VRP、VRP_U 和 VRP_D 为被解释变量，分别检查市场模型（解释变量为 mkt_rf）、三因子模型（解释变量为 mkt_rf、smb、hml）、四因子模型（解释变量为 mkt_rf、smb、hml、umd）和六因子模型（解释变量为 mkt_rf、smb、hml、umd、rmw、cma）。括号内的 t 值为 Newey-West 滞后 6 阶调整后的结果

表 3.15 因子模型对 VRP_U 和 VRP_D 的解释

解释变量	(1) VRP_U	(2) VRP_U	(3) VRP_U	(4) VRP_U	(5) VRP_D	(6) VRP_D	(7) VRP_D	(8) VRP_D
mkt_rf	−0.149 (−0.93)	−0.0666 (−0.48)	−0.0183 (−0.13)	0.112 (0.51)	−0.213 (−1.50)	−0.0110 (−0.09)	0.0450 (0.35)	0.167 (0.83)
smb		−0.240 (−0.66)	−0.394 (−0.87)	−0.0939 (−0.12)		−0.758 (−1.48)	−0.936 (−1.61)	0.498 (0.74)
hml		0.356 (1.35)	0.228 (1.14)	−0.299 (−0.65)		0.615* (2.35)	0.466* (2.19)	0.496 (0.90)
umd			−0.435 (−1.46)	−0.371 (−1.23)			−0.504 (−1.88)	−0.503 (−1.77)
rmw				0.502 (0.65)				1.324 (1.74)

续表

解释变量	(1) VRP_U	(2) VRP_U	(3) VRP_U	(4) VRP_U	(5) VRP_D	(6) VRP_D	(7) VRP_D	(8) VRP_D
cma				0.823 (1.30)				−0.245 (−0.34)
_cons	−0.000 789 (−0.25)	−0.000 794 (−0.25)	−0.000 818 (−0.26)	−0.000 853 (−0.26)	0.008 96** (2.91)	0.008 99** (2.96)	0.008 96** (2.97)	0.008 37** (2.90)
N	1 191	1 191	1 191	1 191	1 191	1 191	1 191	1 191
调整 R^2	0.003	0.008	0.015	0.023	0.006	0.036	0.046	0.061

* $p<0.05$, ** $p<0.01$.

在具体的回归分析中，我们逐一增加变量。表 3.14 和表 3.15 中使用到的因子模型包括：经典的 CAPM 模型，模型中市场风险溢价记为 mkt_rf；Fama 和 French（1992）三因子模型，在 CAPM 模型的基础上加入市值因子（smb）、账面市值比因子（hml）；Carhart（1997）四因子模型，在三因子模型的基础上加入动量因子（umd）；Fama 和 French（2016）五因子模型，在三因子模型的基础上加入盈利因子（rmw）和投资因子（cma）。数据来源于中央财经大学中国资产管理中心[①]。

当使用上述四个因子模型对 VRP、VRP_D、VRP_U 进行解释时，发现大部分因子并不显著，只有价值因子（hml）在对 VRP 和 VRP_D 的回归中显著为正。具体来看，在对 VRP 的回归中，截距项的系数并不显著，这说明 VRP 并不是一个新的定价因子，它可以被经典的定价模型完全解释。类似地，我们发现 VRP_U 也表现出类似的结果。在 VRP_D 的结果中，主要的因子模型截距项都在 0.05 的显著性水平下显著，表明传统的因子并不能解释 VRP_D。VRP_D 包含未被解释的风险溢价，在未来有望成为新的定价因子。

3.5 波动率风险和横截面收益

在前面的章节中，我们考察了一系列期权隐含信息在时间序列维度上的预测能力。事实上，在横截面维度上，股票在不同隐含信息上的载荷，也反映出期权隐含信息在横截面维度的预测能力。基于 Ang 等（2006）的框架，我们分别探究波动率、偏度和峰度对横截面股票定价的影响。偏度和峰度风险并不总是能够被

[①] 参考中央财经大学中国资产管理中心的网站：http://sf.cufe.edu.cn/kydt/kyjg/zgzcglyjzx/xzzq.htm。

波动率风险解释，故需要逐一探究它们对横截面股票定价的影响。Ang 等（2006）基于跨期 CAPM 的框架，认为当股票波动率变大时，公司的投资机会会减少，因此波动率的风险价格为负。接下来我们采用标准的实证资产定价流程去研究期权隐含矩风险暴露对横截面股票收益的影响。进行该研究最大的挑战来自我们的数据区间仅停留在 2015 年至今的数据，我们并未为了弥补数据长度的限制，提高组合构建的频率，而是遵循一般实证资产定价文献，将研究固定在自然月和自然周区间中。

首先，定义出因子载荷，假定当前期权隐含信息为 option_imp$_t$，使用日度的收益率在 T 时间窗口下进行回归，计算出因子载荷 β_{imp}。对于第 i 个股票来说，其计算公式可以写成如下形式：

$$R_t^i - R_t^f = \beta_0^i + \beta_{\text{MKT}}^i (R_{m,t} - R_{f,t}) + \beta_{\Delta\text{VOL}}^i \Delta\text{VOL} + \beta_{\Delta\text{SKEW}}^i \Delta\text{SKEW} + \beta_{\Delta\text{KURT}}^i \Delta\text{KURT} + \varepsilon \tag{3.11}$$

其中，R_t^i 为 i 只股票的收益率；$R_{m,t}$ 和 R_t^f 分别为市场组合的收益率和无风险收益率。三个隐含矩的变化：

$$\Delta\text{VOL}_t = \text{VOL}_t - E_{t-1}(\text{VOL}_t) \tag{3.12}$$

$$\Delta\text{SKEW}_t = \text{SKEW}_t - E_{t-1}(\text{SKEW}_t) \tag{3.13}$$

$$\Delta\text{KURT}_t = \text{KURT}_t - E_{t-1}(\text{KURT}_t) \tag{3.14}$$

其中，VOL、SKEW 和 KURT 分别代表期权的隐含波动率、偏度和峰度。我们把隐含矩的变化，近似等同于当月隐含矩相较于上个月隐含矩的差值，而 β_{MKT}^i、$\beta_{\Delta\text{VOL}}^i$、$\beta_{\Delta\text{SKEW}}^i$ 和 $\beta_{\Delta\text{KURT}}^i$ 是股票暴露的市场风险、波动率风险、偏度风险和峰度风险。其次，根据计算出来的因子载荷对全部股票进行排序，按照标准的实证资产定价研究的流程，我们将排序的股票分为 5 组，根据 t 月排序的结果，我们计算 $t+1$ 月排序的收益。这个组合的收益，在一定程度上代表对应的风险价格。

参考 Hou 等（2019）对股票数据的筛选标准，我们剔除如下股票：
（1）剔除 IPO 后 180 天的交易数据；
（2）剔除构建资产组合当天停牌的股票；
（3）剔除过去一个月内至少有 75% 的交易日存在交易数据；
（4）剔除过去一个月内至多有 25% 的交易日停牌；
（5）剔除构建资产组合当天总市值最低的 30% 股票；
（6）剔除上市的金融行业企业。

以上筛选标准较好地兼顾到中国股票市场的交易制度。我们交易数据的数据来源为 CSMAR 数据库，期权隐含信息包括隐含波动率及其变化、隐含峰度及其变化、隐含偏度及其变化、隐含做空成本及其变化，其计算过程参考前述章节时间序列维度的讨论。我们使用一年银行定期存款利率作为无风险收益率。此外，Fama 和 French（1992）三因子模型（mkt、smb 和 hml）、五因子模型（mkt、smb、hml、rmw 和 cma）、Carhart（1997）四因子模型（mkt、smb、hml 和 umd）来自中央财经大学中国资产管理中心的主页。

在估计波动率的 $\beta^i_{\Delta VOL}$ 时，我们用两种方式，首先，使用单一变量的回归来估计 $\beta^i_{\Delta VOL}$，估计方程为

$$R^i_t - R^f_t = \beta^i_0 + \beta^i_{MKT}(R_{m,t} - R_{f,t}) + \beta^i_{\Delta VOL}\Delta VOL + \varepsilon \quad (3.15)$$

其次，我们可以式（3.15）来估计引入多变量的 $\beta^i_{\Delta VOL}$。根据每个月的 $\beta^i_{\Delta VOL}$ 进行分组，进而构建投资组合。通过单变量回归和多变量回归计算出来的 $\beta^i_{\Delta VOL}$，以及基于简单平均加权和市值权重加权的月度收益率结果汇总见表 3.16。

表 3.16 依照单变量和多变量回归月度调仓得到 $\beta^i_{\Delta VOL}$ 分组排序的结果

组别	多变量计算的 beta				单变量计算的 beta			
	等权重		市值加权		等权重		市值加权	
	收益率	t 值	收益率	t 值	收益率	t 值	收益率	t 值
第 1 组	0	0	1.42%	1.22	0.08%	0.06	1.52%	1.29
第 2 组	0.59%	0.51	1.88%	1.74	0.61%	0.53	2.06%	1.81
第 3 组	0.49%	0.44	1.60%	1.60	0.59%	0.52	1.37%	1.47
第 4 组	0.62%	0.56	1.65%	1.59	0.65%	0.58	1.54%	1.55
第 5 组	0.04%	0.03	0.92%	0.92	−0.19%	−0.16	0.90%	0.90
第 5 组−第 1 组	0.03%	0.07	−0.50%	−0.69	−0.26%	−0.65	−0.62%	−0.99

注：我们按照回归系数 beta 对股票进行分组，一共分为五组。第 1 组的 beta 最低，第 5 组的 beta 最高。同时，我们对每个分组里的股票市值计算市值加权收益率，我们也计算了等权重收益率。我们给出股票在接下来一个自然月的表现，这些收益率是排序后的收益率。基于滚动的窗口，我们计算出每个月五个分组的收益率。最后我们还汇报了收益率对应的 t 值

表 3.16 汇报了依照单变量和多变量回归月度调仓得到 $\beta^i_{\Delta VOL}$ 分组排序的结果，此外，我们还给出基于简单平均加权和市值权重加权的月度收益率结果。

在表 3.16 里，基于多变量排序的结果，第 2 组~第 5 组的等权重收益率分别为 0.59%、0.49%、0.62%和 0.04%；市值加权收益率分别为 1.88%、1.60%、1.65%和 0.92%。但收益率的 t 值均较小，如果同时做多第 5 组，做空第 1 组，等权重收益率和市值加权收益率分别为 0.03%和−0.50%。因此收益率没有呈现单调的趋势，且每一组收益率并不显著为正；我们构建的多空组合也没有显著的差异，因此在月度数据维度上，我们发现股票对市场波动率的风险暴露并没有显著影响股票的收益。

我们在表 3.16 也汇报了基于单变量排序的结果，第 1 组~第 5 组的等权重收益率分别为 0.08%、0.61%、0.59%、0.65%和−0.19%；市值加权收益率分别为

1.52%、2.06%、1.37%、1.54%和0.90%,但 t 值并不显著。收益率的分布并不是单调的,此外,第5组减去第1组的收益率为负,但并不显著。因此与多变量计算结果类似,基于单变量计算的结果也表明股票对市场波动率的风险暴露没有影响股票的收益。

表3.17汇报了依照单变量和多变量回归周度调仓得到 $\beta^i_{\Delta VOL}$ 分组排序的结果,结果和月度调仓类似。无论是多变量计算的beta还是单变量计算的beta,我们均没有在分组内得到单调的结果。第5组减去第1组的数值,也没有显著的结果。这表明在我们的考察期内,横截面上市场波动率风险的暴露并不能影响股票的收益率。

表3.17 依照单变量和多变量回归周度调仓得到 $\beta^i_{\Delta VOL}$ 分组排序的结果

组别	多变量计算的beta				单变量计算的beta			
	等权重		市值加权		等权重		市值加权	
	收益率	t 值	收益率	t 值	收益率	t 值	收益率	t 值
第1组	0.06%	0.17	0.39%	1.29	0.09%	0.26	0.45%	1.41
第2组	0.27%	0.80	0.56%	1.91	0.29%	0.83	0.55%	1.84
第3组	0.31%	0.94	0.49%	1.76	0.28%	0.84	0.44%	1.53
第4组	0.22%	0.68	0.45%	1.58	0.22%	0.67	0.36%	1.33
第5组	0	0	0.33%	1.20	−0.03%	−0.09	0.33%	1.22
第5组−第1组	−0.06%	−0.61	−0.07%	−0.44	−0.12%	−1.03	−0.12%	−0.77

上述结果的原因可能在于:上证50ETF期权隐含波动率并不能代表全市场的波动率。由于大盘股和小盘股存在着严重的分化,沪深300才对整个市场有着更好的代表性。随着沪深300ETF期权的上市,我们接下来的研究方向可以使用沪深300ETF隐含波动率作为市场波动率的暴露,重新检验上述实证结果。同时,样本期较短也是我们的另外一个顾虑。

3.6 市场不确定性的预测总结

在成熟市场的研究中,VRP通常可以被认为是宏观经济不确定性的度量,这也是其可以进行短期收益率预测的理论基础。在中国市场中,国家队在股灾期间参与救市,在一定程度上VRP没办法反映出市场的不确定性,在我们的实证结果中,我们发现无论是VRP,还是VRP_D、VRP_U,均对上证50ETF指数的收益率没有预测能力。这一点发现和成熟市场表现出较大的差异。为了解释上述差异，未来一个潜在的研究方向是在一般均衡的模型下探究 VRP 缺少预测能力的理论基础，进一步挖掘成熟市场和 A 股期权市场的差别。

其中来自期权市场的隐含方差 IV 可以在样本内预测未来 14 周到 18 周的收益率，在较长的预测期内具有预测能力。特别地，IV_U 在短期的预测效果更好，这表明向上的波动显著预测了未来的收益率。RV、RV_U、RV_D 均有一定的预测能力。此外，我们还进一步考察了各个变量在样本外的表现，总的来说，IV 和 RV 也表现出样本外的预测能力，但预测效果在不同的预测期内具有较大的差异。这种预测能力具有较强的经济价值，均值-方差投资者可以基于上述预测改善投资组合的配置。

VRP 的另一个经济解释是方差互换合约的收益率，我们基于因子模型对 VRP 进行解释，发现在国内 VRP 及 VRP_U 可以被经典的定价因子解释，但针对 VRP_D 回归的常数项 α 系数表现出统计显著性，经典的风险因子模型不能对上述风险溢价进行充分的解释。研究还发现，VRP_D 是 VRP 的主要组成部分，在市场异常波动期间，VRP、VRP_D、VRP_U、SRP 指标变动幅度巨大、波动频繁，有效地捕获了市场的异常状况，因此可以作为监管者进行风险管理的参考指标。

同时，我们进一步考察了横截面的波动率风险暴露。结果发现横截面上的波动率风险暴露并没有显著影响股票的收益。一方面可能由于上证 50ETF 隐含波动率仅反映大盘股的波动率，对全市场缺少代表性；另一方面可能因为样本期间较短，市场风格剧烈的转换影响波动率暴露的定价效果。综上，本章的研究帮助我们更深入地理解上证 50ETF 期权市场的波动率风险。

第4章 期权隐含高阶矩和收益率预测

金融市场常常因为极端事件发生大幅波动,仅仅依靠二阶矩很难准确刻画市场的真实风险。因此本章重点关注高阶矩风险及其收益率预测能力。我们从期权市场中可以提取隐含偏度和隐含峰度。对于偏度来讲,投资者通常并不喜欢负偏度。一个负偏度较大的股票应该补偿给投资者更大的收益率。因此我们可以预期偏度和预期收益率呈负相关关系。在计算隐含偏度时,一部分学者使用历史信息进行计算(Conrad et al., 2013),还有一部分学者则利用期权市场获得的即时信息去计算隐含偏度。在偏度和预期收益的关系上,在实证上不同的学者有不同的发现,Rehman 和 Vilkov(2012)发现偏度和收益之间存在负相关关系。基于期权市场隐含偏度,高偏度股票平均每月跑赢低偏度股票 0.45%。作者给出一种潜在的经济解释,当前的偏度可以代表公司市值和基本面价值的偏离,因此高估的股票对应负的期权隐含偏度,同时价值修正的过程取决于套利者面对的套利风险。

在期权市场和股票市场没有套利机会与信息差别时,Bakshi 等(2003)认为期权隐含偏度越负偏,那么隐含波动率的形状越陡峭。Xing 等(2010)使用隐含波动率微笑的陡峭程度,并发现其与未来的收益率存在负相关关系。同时,这种陡峭程度也和接下来季度股票的基本面有关系,越陡峭的股票接下来公司的财报则会越糟糕。作者认为是具有内部信息的投资者倾向于交易价外看跌期权(out-of-money put options),而股票市场反映波动率微笑的信息则会较为缓慢。作者认为由于股票市场和期权市场存在信息差别,期权隐含偏度和隐含波动率陡峭程度可能反映不同的信息,基于 BKM 方法计算的期权隐含偏度并没有显著的预测能力。Muravyev 等(2016)通过期权价格计算出隐含卖空费率,并在预测性回归中同时加入隐含 ZVS 和偏度,结果发现期权隐含卖空费率可以预测未来股票的收益率,但是隐含 ZVS 和偏度并不能预测。作者认为之所以隐含波动率指标(如偏度)能够预测未来的收益率,是因为在很大程度上它们充当隐含做空费率的代理变量。

高阶矩风险在股票定价中发挥着重要作用。在本章中,我们关注收益的偏度(三阶矩)和峰度(四阶矩)。基于无模型方法,我们可以从期权的交易价格中提取隐含偏度和峰度。此外,我们还基于上证 50ETF 五分钟高频交易的数据计算出已实现偏度和峰度。参考 VRP 的定义，同样可以定义出 SRP（即隐含偏度减去已实现偏度）、KRP（隐含峰度减去已实现峰度）。对于 SRP 和 KRP，使用因子模型对其进行解释。我们探讨高阶矩在样本内和样本外的预测能力。实证发现期权隐含偏度具有一定的预测能力。同时，为了考察偏度是否是隐含做空成本的代理变量，我们还在预测性回归中加入期权的隐含做空成本。最后考察横截面股票的偏度和峰度风险暴露对收益的影响。

4.1 隐含高阶矩的提取

除了从期权价格中推导出未来 30 天的隐含波动率，我们还可以借鉴 Bakshi 等（2003）的方法，基于一个无模型方法复制一组期权组合，并计算出隐含偏度和隐含峰度。和隐含波动率一样，它们都是基于风险中性测度。此外，我们还根据风险中性测度和物理测度的差值，计算出对应的风险溢价。

波动率合约的价格可以表示为

$$V(t,\tau) = \int_{S(t)}^{\infty} \frac{2\left(1-\ln\left[\frac{K}{S(t)}\right]\right)}{K^2} C(t,\tau,K)\mathrm{d}K + \int_{0}^{S(t)} \frac{2\left(1+\ln\left[\frac{S(t)}{K}\right]\right)}{K^2} P(t,\tau,K)\mathrm{d}K \quad (4.1)$$

其中，K 为期权的行权价；$C(t,\tau,K)$ 为行权时间在 τ，行权价为 K 看涨期权的价格；$P(t,\tau,K)$ 为行权时间在 τ，行权价为 K 看跌期权的价格。

三次（cubic）和四次（quartic）合约的价格可以表示为

$$W(t,\tau) = \int_{S(t)}^{\infty} \frac{6\ln\left[\frac{K}{S(t)}\right] - 3\left(\ln\left[\frac{K}{S(t)}\right]\right)^2}{K^2} C(t,\tau,K)\mathrm{d}K \\ - \int_{0}^{S(t)} \frac{6\ln\left[\frac{K}{S(t)}\right] + 3\left(\ln\left[\frac{K}{S(t)}\right]\right)^2}{K^2} P(t,\tau,K)\mathrm{d}K \quad (4.2)$$

$$X(t,\tau) = \int_{S(t)}^{\infty} \frac{12\ln\left[\frac{K}{S(t)}\right]^2 - 4\left(\ln\left[\frac{K}{S(t)}\right]\right)^3}{K^2} C(t,\tau,K)\mathrm{d}K \\ - \int_{0}^{S(t)} \frac{12\ln\left[\frac{K}{S(t)}\right]^2 + 4\left(\ln\left[\frac{K}{S(t)}\right]\right)^3}{K^2} P(t,\tau,K)\mathrm{d}K \quad (4.3)$$

那么风险中性测度下的偏度 $\text{Skew}(t,\tau)$ 可以表示为

$$\text{Skew}(t,\tau)=\frac{\mathrm{e}^{r\tau}W(t,\tau)-3\mu(t,\tau)\mathrm{e}^{r\tau}V(t,\tau)+2\mu(t,\tau)^3}{[\mathrm{e}^{r\tau}V(t,\tau)-\mu(t,\tau)^2]^{3/2}} \quad (4.4)$$

风险中性下的偏度 $\text{Kurt}(t,\tau)$ 可以表示为

$$\text{Kurt}(t,\tau)=\frac{\mathrm{e}^{r\tau}X(t,\tau)-4\mu(t,\tau)\mathrm{e}^{r\tau}W(t,\tau)+6\mathrm{e}^{r\tau}\mu(t,\tau)^2V(t,\tau)-3\mu(t,\tau)^4}{\left[\mathrm{e}^{r\tau}V(t,\tau)-\mu(t,\tau)^2\right]^2} \quad (4.5)$$

BKM方法不依赖于任何模型的假设,故其广泛适用于期权市场。根据CBOE提出的方法,可以理解为上述方法的离散化表达。通常来讲,我们需要基于插值把偏度和峰度的期限固定到30天。以偏度为例,未来30天的预期偏度可以表示为

$$\text{Skew}(t,30)=wS_{\text{near}}+(1-w)S_{\text{next}} \quad (4.6)$$

$$w=\frac{T_{\text{next}}-T_{30}}{T_{\text{next}}-T_{\text{near}}} \quad (4.7)$$

其中,T_{next} 和 T_{near} 分别为当前的时间 t 距离到期日的分钟数;T_{30} 为30天对应的分钟数。

中国期权市场缺少足够的合约,故我们采用插值的方法来增加合约数量,具体参考Chang等(2013)的研究。在期权合约筛选上,我们剔除如下几类:①期权成交价格为0的合约;②不满足套利条件的合约;③剔除价内期权,由于其流动性低于价外期权和平值期权,我们剔除 K/S 大于1.03的看跌期权和 K/S 小于0.97的看涨期权。

我们并未按照CBOE的方法直接使用期权价格进行计算,而是采用插值的方法计算积分的数值解。对于每一个到期日,使用三次样条插值的方法对隐含波动率在 K/S 上进行插值。对于大于或小于当前市场可用的 K/S,使用最高或最低行权价对应的波动率来代表。在插值完成后,我们得到一个完整的波动率曲面(K/S 的范围为[0.01%,300%])。接下来我们将上述波动率曲面转换成期权价格:①对于 K/S 小于1的波动率,我们转换为看跌期权;②对于 K/S 大于1的波动率,我们转换为看涨期权。在计算出每一个到期日的隐含矩后,我们基于线性插值的办法,计算30天的隐含偏度和峰度。

和已实现波动率类似,已实现偏度和峰度可以定义为

$$\text{RSkew}_t=\frac{\sqrt{N}\sum_{j=1}^{N}r_{t,j}^3}{\text{RV}_t^{3/2}} \quad (4.8)$$

$$\mathrm{RKurt}_t = \frac{N\sum_{j=1}^{N} r_{t,j}^4}{\mathrm{RV}_t^2} \tag{4.9}$$

我们使用过去 30 天上证 50ETF 的五分钟高频数据来计算已实现偏度和峰度。和 VRP 的定义类似，我们也可以定义出 SRP 和 KRP，即

$$\mathrm{SRP}(t,\tau) = \mathrm{Skew}(t,\tau) - R\mathrm{Skew}(t,\tau) \tag{4.10}$$

$$\mathrm{KRP}(t,\tau) = \mathrm{Kurt}(t,\tau) - R\mathrm{Kurt}(t,\tau) \tag{4.11}$$

表 4.1 汇报了包括隐含偏度和隐含峰度在内的主要变量描述性统计，包括均值、标准差、最小值、中位数、最大值、偏度、峰度和 t 值。我们发现 SRP 的均值为-0.54，中位数为-0.471，显著为负。其中，期权隐含偏度（RN_Skew）的均值为-0.364，中位数为-0.288。隐含偏度为负，表明市场对未来的走势持悲观态度。已实现偏度的结果显著为正，均值为 0.176，中位数为 0.205。这在一定程度上说明期权市场和现货市场对市场的走势有着不同的判断。KRP 显著为正，均值为 0.7，中位数为 0.197。这表明期权隐含的峰度要大于已实现的峰度，从数值上来看，期权隐含峰度为 4.846，且显著为正；而已实现峰度为 4.146。

表 4.1 高阶矩的描述性统计

变量	均值	标准差	最小值	中位数	最大值	偏度	峰度	N	t 值
SRP	−0.54	0.651	−2.69	−0.471	1.568	−0.288	3.168	1 191	−28.62
RN_Skew	−0.364	0.551	−2.132	−0.288	1.159	−0.505	3.118	1 191	−22.803
RSkew	0.176	0.203	−0.495	0.205	0.725	−0.484	3.555	1 191	29.843
KRP	0.7	2.412	−3.815	0.197	14.242	1.135	5.27	1 191	10.016
RN_Kurt	4.846	2.507	−0.048	4.163	18.122	1.174	5.056	1 191	66.716
RKurt	4.146	0.569	2.821	4.007	6.567	0.961	4.421	1 191	251.464

4.2 隐含高阶矩的预测能力

我们关注隐含偏度、峰度及其风险溢价能否预测未来的收益率。首先，基于样本内的数据，通过一个预测性回归来检验其是否对未来的收益率有预测能力。其次，基于 Newey-West 回归对模型进行标准误的调整，参照 Bollerslev 等（2015a）的研究，选择滞后期为预测期的两倍。

表 4.2 汇报了 SRP、期权隐含偏度（RN_Skew）、已实现偏度（RSkew）。我们发现 SRP 和期权隐含偏度（RN_Skew）对未来 2 周、3 周、4 周、6 周和 10 周的

收益率具有一定的预测能力，回归估计的符号为负，且在 0.05 的显著性水平下显著。SRP 和隐含偏度在预测期限中，具有一定的稳健性。在 SRP 对未来收益率的回归中，调整 R^2 从第 2 周的 2.4%增加到第 10 周的 11.1%。在 RN_Skew 对未来收益率的预测性回归的结果里，调整 R^2 从第 2 周的 2.0%一直增加到第 10 周的 9.0%。RN_Skew 对应的调整 R^2 要小于 SRP 对应的调整 R^2。当前的 SRP 和期权隐含偏度对应未来的收益率越低，且随着预测期限的增加，估计系数也就越大，即偏度对未来收益率的影响也越大。

表 4.2 SRP 的预测性回归结果

解释变量	（1） 1 周	（2） 2 周	（3） 3 周	（4） 4 周	（5） 6 周	（6） 10 周	（7） 14 周	（8） 18 周
SRP	−0.004 04 （−1.43）	−0.010 9* （−2.31）	−0.016 4* （−2.57）	−0.021 5* （−2.46）	−0.030 9* （−2.34）	−0.052 4* （−2.25）	−0.051 0 （−1.72）	−0.054 6 （−1.93）
_cons	−0.001 01 （−0.35）	−0.003 70 （−0.70）	−0.005 39 （−0.71）	−0.007 11 （−0.68）	−0.010 5 （−0.66）	−0.021 5 （−0.91）	−0.021 3 （−0.64）	−0.024 6 （−0.63）
N	1 186	1 181	1 176	1 171	1 161	1 141	1 121	1 101
调整 R^2	0.005	0.024	0.035	0.046	0.060	0.111	0.087	0.097
RN_Skew	−0.004 04 （−1.33）	−0.012 0* （−2.39）	−0.017 5* （−2.57）	−0.022 3* （−2.38）	−0.031 0* （−2.34）	−0.055 5* （−2.37）	−0.054 6 （−1.85）	−0.055 3 （−1.95）
_cons	−0.000 294 （−0.12）	−0.002 12 （−0.45）	−0.002 89 （−0.42）	−0.003 53 （−0.37）	−0.004 89 （−0.35）	−0.013 1 （−0.63）	−0.013 1 （−0.45）	−0.014 7 （−0.41）
N	1 186	1 181	1 176	1 171	1 161	1 141	1 121	1 101
调整 R^2	0.004	0.020	0.029	0.036	0.044	0.090	0.073	0.073
RSkew	0.011 6 （1.01）	0.023 8 （1.32）	0.038 2 （1.55）	0.055 6 （1.73）	0.087 1 （1.66）	0.123 （1.36）	0.115 （1.03）	0.148 （1.39）
_cons	−0.000 855 （−0.26）	−0.001 94 （−0.34）	−0.003 22 （−0.38）	−0.005 22 （−0.45）	−0.009 06 （−0.52）	−0.014 5 （−0.58）	−0.013 7 （−0.40）	−0.021 0 （−0.54）
N	1 186	1 181	1 176	1 171	1 161	1 141	1 121	1 101
调整 R^2	0.004	0.010	0.018	0.030	0.046	0.060	0.042	0.068

* $p < 0.05$

注：被解释变量为未来 1 周、2 周、3 周、4 周、6 周、10 周、14 周和 18 周的收益率，第（1）、（5）、（9）行分别汇报 SRP、RN_Skew 和 RSkew 作为解释变量预测性回归的估计结果。为了解决累计收益率样本重叠的问题，我们在括号里汇报了 Newey-West 调整后的 t 值，滞后期设为预测天数的两倍

在回归结果的最后一列，我们发现已实现偏度对未来收益率的估计系数为正，

但并没有预测能力,这和二阶矩的结果表现出较大的差异。

表 4.3 给出了 KRP 的预测性回归结果,第(1)、(5)、(9)行分别汇报了 KRP、隐含峰度(RN_Kurt)和已实现峰度(RKurt)对未来收益率的影响,但从回归结果上来看,回归结果均不显著,这表明在样本内峰度的相关指标对未来的收益率并没有显著的预测能力。上述结果表明,高阶矩的预测能力仅局限于三阶距(偏度),而在四阶矩(峰度)并没有体现出显著的预测能力。

表 4.3 KRP 的预测性回归结果

解释变量	(1) 1 周	(2) 2 周	(3) 3 周	(4) 4 周	(5) 6 周	(6) 10 周	(7) 14 周	(8) 18 周
KRP	−0.000 136 (−0.25)	−0.000 99 (−1.02)	−0.001 84 (−1.34)	−0.002 72 (−1.51)	−0.002 88 (−1.15)	−0.003 50 (−0.98)	−0.006 28 (−1.91)	−0.006 69 (−1.61)
_cons	0.001 29 (0.62)	0.002 99 (0.72)	0.004 87 (0.75)	0.006 58 (0.76)	0.008 54 (0.70)	0.010 3 (0.63)	0.011 7 (0.51)	0.009 74 (0.32)
N	1 186	1 181	1 176	1 171	1 161	1 141	1 121	1 101
调整 R^2	−0.001	0.002	0.005	0.009	0.006	0.006	0.017	0.017
RN_Kurt	−0.000 017 (−0.03)	−0.000 60 (−0.61)	−0.001 22 (−0.85)	−0.001 85 (−0.94)	−0.001 93 (−0.68)	−0.002 05 (−0.58)	−0.005 19 (−1.52)	−0.005 39 (−1.19)
_cons	0.001 28 (0.34)	0.005 20 (0.69)	0.009 49 (0.82)	0.013 7 (0.88)	0.015 9 (0.73)	0.017 9 (0.67)	0.032 4 (1.00)	0.031 2 (0.71)
N	1 186	1 181	1 176	1 171	1 161	1 141	1 121	1 101
调整 R^2	−0.001	0.000	0.002	0.004	0.002	0.002	0.012	0.011
RKurt	0.002 11 (0.74)	0.006 19 (1.16)	0.009 30 (1.17)	0.012 7 (1.13)	0.014 4 (0.79)	0.022 9 (1.05)	0.014 7 (0.77)	0.020 2 (1.35)
_cons	−0.007 55 (−0.60)	−0.023 4 (−0.96)	−0.034 9 (−0.96)	−0.047 8 (−0.93)	−0.052 7 (−0.63)	−0.086 4 (−0.87)	−0.052 6 (−0.62)	−0.076 1 (−1.01)
N	1 186	1 181	1 176	1 171	1 161	1 141	1 121	1 101
调整 R^2	0	0.005	0.008	0.012	0.009	0.016	0.004	0.008

注:被解释变量为未来 1 周、2 周、3 周、4 周、6 周、10 周、14 周和 18 周的收益率,第(1)、(5)、(9)行分别汇报 KRP、RN_Kurt 和 RKurt 作为解释变量预测性回归的估计结果

因为样本外的预测更接近真实的情况,我们基于扩展样本法利用所有在 t 期已知的信息去做 OLS 回归,预测 $t+1$ 期的收益率。为了使样本外预测的结果更加稳健,实证结果里应同时包含较大和较小的区间,参考 Kelly 和 Pruitt(2013)的研究,我们按照总样本的 25%、50%、90% 划分三个样本内区间。

参考 Campbell 和 Thompson（2008）的方法，我们计算样本外 R^2。样本外 R^2_{os} 代表预测模型相对于历史平均收益预测 MSPE 的缩减比例。和样本内的 R^2 定义类似，样本外 R^2 可以被定义为

$$R^2_{\text{os}} = 1 - \frac{\sum_{k=1}^{q}(r_{m+k} - \hat{r}_{m+k})^2}{\sum_{k=1}^{q}(r_{m+k} - \overline{r}_{m+k})^2} \quad (4.12)$$

参照 Clark 和 West（2007）的方法，计算 MSPE-adjusted 统计量来检验 R^2_{os} 是否显著大于 0。我们的原假设 H_0：$R^2_{\text{os}} = 0$，备择假设 H_A：$R^2_{\text{os}} > 0$。通常的操作步骤如下：

$$f_{t+1} = (r_{t+1} - \overline{r}_{t+1})^2 - [(r_{t+1} - \hat{r}_{t+1})^2 - (\overline{r}_{t+1} - \hat{r}_{t+1})^2] \quad (4.13)$$

根据式（4.13）得到的 f_{t+1} 对常数项进行回归，其 P 值就是常数项基于正态分布的上侧回归。

关于样本外预测能力的判定结果，我们选择了 25%、50% 和 90% 三个区间，如果区间内的 R^2_{os} 均显著为正，同时 P 值小于 5%，那么此时我们认定其具有样本外的预测能力。

使用 MSFE-adjusted 统计量作为样本预测能力的检验标准并不完美，根据 OLS 公式，f_{t+1} 对常数项回归的常数项为

$$\text{constant} = \frac{\sum(r - \overline{r})^2 - [\sum(r - \hat{r})^2 - \sum(\overline{r} - \hat{r})^2]}{N} \quad (4.14)$$

当 $R^2_{\text{os}} > 0$ 时，constant>0；当 $R^2_{\text{os}} < 0$ 且 $\sum(\overline{r} - \hat{r})^2$ 数值较大时，那么其对应的 P 值可能小于 5%，在这种情况下，我们认定其仍然没有样本外的预测能力。

表 4.4 汇报了偏度相关指标的样本外预测结果，SRP 对未来不同区间的收益率并不具有稳定的预测能力。以 1 周为例，在样本内区间比例为 25%、50%、90% 时，SRP 样本外 R^2 分别为 0.62%、0.48% 和 −0.97%，其他区间也呈现类似的特征，很多时候基于回归模型的样本外预测并不能跑赢简单历史均值的预测。

表 4.4 偏度相关指标的样本外预测结果

样本内区间	预测区间	SRP			RN_Skew			RSkew		
		样本外 R^2	t 值	P 值	样本外 R^2	t 值	P 值	样本外 R^2	t 值	P 值
25%	1 周	0.62%	2.77	0	0.49%	2.09	0.02	−2.75%	−0.35	0.64
50%	1 周	0.48%	1.77	0.04	0.57%	1.88	0.03	−1.91%	−1.10	0.86
90%	1 周	−0.97%	0.29	0.39	−0.40%	0.32	0.38	−2.15%	−0.30	0.62

续表

样本内区间	预测区间	SRP			RN_Skew			RSkew		
		样本外 R^2	t 值	P 值	样本外 R^2	t 值	P 值	样本外 R^2	t 值	P 值
25%	2 周	−0.30%	4.54	0	0.90%	4.79	0	−4.64%	0.53	0.30
50%	2 周	1.37%	3.14	0	2.02%	3.56	0	−3.87%	−1.24	0.89
90%	2 周	1.85%	1.90	0.03	4.30%	2.14	0.02	−5.47%	−0.56	0.71
25%	3 周	−3.08%	4.58	0	−2.00%	4.43	0	−6.02%	1.35	0.09
50%	3 周	1.24%	3.29	0	2.09%	3.70	0	−5.91%	−1.28	0.90
90%	3 周	13.16%	4.41	0	13.93%	4.35	0	−1.94%	1.46	0.07
25%	4 周	−8.02%	4.56	0	−8.43%	3.75	0	−5.73%	3.27	0
50%	4 周	−0.59%	2.93	0	0.20%	3.10	0	−7.64%	−0.94	0.83
90%	4 周	14.63%	5.65	0	9.58%	4.60	0	10.28%	4.07	0
25%	6 周	−10.33%	6.38	0	−13.69%	4.93	0	−2.13%	6.25	0
50%	6 周	−1.68%	3.66	0	−1.16%	3.61	0	−9.26%	0.02	0.49
90%	6 周	16.03%	6.06	0	8.50%	4.03	0	14.03%	4.68	0
25%	10 周	−10.06%	10.86	0	−17.83%	9.48	0	−0.35%	8.14	0
50%	10 周	0.44%	5.77	0	1.49%	6.31	0	−13.86%	−0.55	0.71
90%	10 周	−112.96%	−3.47	1.00	−105.31%	−4.51	1.00	−52.57%	−0.72	0.76
25%	14 周	−0.81%	10.27	0	−7.07%	9.60	0	3.19%	7.28	0
50%	14 周	−15.29%	2.15	0.02	−13.93%	3.17	0	−16.88%	−2.42	0.99
90%	14 周	−91.56%	−4.27	1.00	−88.09%	−4.10	1.00	−40.69%	−2.16	0.98
25%	18 周	10.02%	11.22	0	5.36%	10.23	0	8.42%	8.89	0
50%	18 周	−9.55%	3.39	0	−9.29%	3.82	0	−10.62%	0.92	0.18
90%	18 周	−115.56%	−6.47	1.00	−89.10%	−6.45	1.00	−75.41%	−4.49	1.00

和 SRP 的结果类似，RN_Skew 的预测能力也非常不稳定，仅对第 2 周的收益率表现出一定的预测效果。对于未来 2 周收益率的预测时，在样本内区间比例为 25%、50%、90%时，RN_Skew 样本外 R^2 分别为 0.90%、2.02%和 4.30%，且 MSFE-adjusted 对应的统计量在 0.05 显著性水平下显著。

已实现偏度（RSkew）样本外的结果，和样本内同样糟糕。无论是短期收益率，还是长期收益率，已实现偏度样本外 R^2 基本为负，其并没有显著的预测能力。

表 4.5 汇报了峰度相关指标的样本外预测结果。KRP 和风险中性峰度

（RN_Kurt）并没有显著的样本外预测能力，某些区间下样本外 R^2 甚至出现极端大的负值，这表明基于峰度预测性回归的结果远远跑输了历史均值的预测。已实现峰度（RKurt）仅在部分区间中出现正的样本外 R^2，但上述结果并不稳定。

表 4.5 峰度相关指标的样本外预测结果

样本内区间	预测区间	KRP			RN_Kurt			RKurt		
		样本外 R^2	t 值	P 值	样本外 R^2	t 值	P 值	样本外 R^2	t 值	P 值
25%	1 周	−1.10%	−1.43	0.92	−0.95%	−2.06	0.98	−0.93%	−0.48	0.69
50%	1 周	−0.75%	−2.33	0.99	−0.59%	−3.14	1.00	−1.19%	−0.95	0.83
90%	1 周	−1.60%	−2.43	0.99	−0.89%	−4.64	1.00	−10.63%	−1.43	0.92
25%	2 周	−0.80%	1.35	0.09	−1.19%	−0.24	0.59	−0.15%	1.86	0.03
50%	2 周	−1.83%	−0.47	0.68	−1.44%	−1.06	0.86	−1.34%	0.54	0.29
90%	2 周	−8.77%	−2.18	0.99	−5.55%	−2.32	0.99	−24.32%	−0.91	0.82
25%	3 周	−0.66%	3.19	0	−1.78%	1.36	0.09	0.62%	3.27	0
50%	3 周	−1.97%	0.92	0.18	−1.81%	0.19	0.43	−0.36%	1.97	0.02
90%	3 周	−19.15%	−2.20	0.99	−14.47%	−2.23	0.99	−32.11%	−0.10	0.54
25%	4 周	−2.76%	2.47	0.01	−5.43%	0.29	0.38	1.38%	4.15	0
50%	4 周	−1.47%	1.93	0.03	−1.93%	0.85	0.20	1.07%	3.45	0
90%	4 周	−27.49%	−2.34	0.99	−25.29%	−2.97	1.00	−16.06%	1.70	0.04
25%	6 周	−14.58%	0.07	0.47	−26.44%	−2.09	0.98	−2.29%	−0.12	0.55
50%	6 周	−5.01%	−0.13	0.55	−5.73%	−1.24	0.89	1.82%	5.16	0
90%	6 周	−32.24%	−3.72	1.00	−34.22%	−4.94	1.00	10.16%	4.26	0
25%	10 周	−20.88%	−1.23	0.89	−36.11%	−3.10	1.00	−2.96%	1.04	0.15
50%	10 周	−6.98%	−1.76	0.96	−7.36%	−3.43	1.00	3.33%	6.80	0
90%	10 周	−32.58%	−3.08	1.00	−27.28%	−4.05	1.00	−29.27%	3.20	0
25%	14 周	−2.96%	0.40	0.34	−15.39%	−2.81	1.00	−19.96%	−8.15	1.00
50%	14 周	1.03%	4.64	0	−0.74%	3.19	0	−0.40%	0.10	0.46
90%	14 周	−62.11%	−4.07	1.00	−77.39%	−5.59	1.00	19.87%	5.89	0
25%	18 周	−1.46%	0.58	0.28	−5.86%	−3.19	1.00	−10.47%	−7.99	1.00
50%	18 周	−0.10%	2.37	0.01	−1.20%	1.22	0.11	2.81%	6.36	0
90%	18 周	−41.86%	−6.42	1.00	−44.42%	−7.04	1.00	8.80%	3.97	0

经过样本内回归和样本外预测的检验，我们发现隐含方差和隐含偏度在样本内与样本外均有一定的预测能力，此外，SRP 也预测未来的收益率，由于已实现偏度并不能预测未来收益，我们认为 SRP 的预测能力主要来自隐含偏度。

上述预测效果的检验对于风险管理和投资组合管理具有重要的启示，投资者可以充分利用期权市场的隐含信息进行择时，降低投资组合的风险暴露。此外，我们考察的区间停留在未来 3 天到未来 90 天，在一定程度上属于短期区间，通常来讲，预测短期的收益率更加困难，而长期收益率相对更好预测。来自期权市场的隐含信息，包含对未来市场走势的期望，因此本书也为中国市场的收益率可预测性提供新的证据。

参考 Rapach 等（2016）的研究，我们讨论一个均值-方差投资者在债券和股票上分配资产。假定每个 t 月投资者依照对股票收益率的预测值进行 $t+1$ 期的资产配置，那么他在 $t+1$ 期的股票资产的配置比例为

$$w_t = \frac{1}{\gamma} \frac{\hat{r}_{t+1}}{\hat{\sigma}_{t+1}^2} \qquad (4.15)$$

其中，γ 表示投资者的风险规避程度；$\hat{r}_{t+1}$ 表示预测性回归得出的股票收益率；$\hat{\sigma}_{t+1}^2$ 表示未来收益率的方差。这里我们用过去 36 个月的收益率作为代表（事实上选择其他长度来衡量收益率方差，我们的结果也基本保持不变）。由于基于历史信息的 M-V 模型会产生较大的偏差，我们也将组合的权重限制在-0.5~1.5。

基于上述比例进行资产配置的投资者，得到如下的效用或者确定性等值（certainty equivalent return，CER）：

$$\text{CER} = \overline{R}_p - 0.5\gamma\sigma_p^2 \qquad (4.16)$$

其中，$\overline{R}_p$ 和 σ_p^2 分别为投资组合在预测期间内的收益率均值和方差；CER 为投资者愿意持有风险资产而付出的成本。同时，基于过去的历史均值来计算确定性等值 CER，可以定义出 CER 增加值为基于预测性回归计算出的 CER 减去基于历史均值计算出来的 CER。收益率预测的目的在于提高投资组合的收益，而年化的 CER 增加值可以理解成使用预测性回归之后，投资者愿意支付的管理费，CER 提供了一种非常直观的经济学解释。

由于预测区间涉及不同的区间，我们假定投资者再平衡的周期和预测周期一致。具体来说，以持仓周期 2 周为例，那么投资者在预测完未来 2 周的收益后，按照计算出的持仓比例持有头寸 2 周，之后循环上述过程。

表 4.6 给出了 SRP 的 CER 增加值结果。此处我们选择 γ 等于 3。作为对比，我们同时汇报买入并持有市场指数策略的 CER 增加值结果。

表 4.6　SRP 的 CER 增加值结果

样本内区间	预测区间	SRP	RN_Skew	RSkew
25%	1 周	13.08%	8.90%	5.82%
50%	1 周	11.24%	10.15%	2.20%
90%	1 周	6.70%	5.87%	−1.08%
25%	2 周	17.01%	15.75%	1.85%
50%	2 周	8.65%	8.64%	−3.56%
90%	2 周	8.10%	3.26%	−1.96%
25%	3 周	11.09%	8.19%	3.16%
50%	3 周	14.27%	13.59%	−1.78%
90%	3 周	4.07%	6.05%	−2.29%
25%	4 周	5.55%	2.98%	7.35%
50%	4 周	16.56%	14.44%	2.58%
90%	4 周	25.95%	17.92%	22.67%
25%	6 周	5.11%	5.52%	3.44%
50%	6 周	0.57%	1.56%	−7.60%
90%	6 周	5.86%	5.88%	−0.94%
25%	10 周	6.87%	5.73%	1.30%
50%	10 周	23.55%	25.46%	−0.62%
90%	10 周	−13.01%	−13.01%	−12.15%
25%	14 周	5.68%	5.56%	1.59%
50%	14 周	5.19%	5.55%	−0.48%
90%	14 周	−6.77%	−6.77%	0.59%
25%	18 周	7.74%	7.12%	1.33%
50%	18 周	4.31%	2.38%	7.20%
90%	18 周	−5.96%	−5.96%	−8.74%

从表 4.6 中我们可以看到，SRP 在 1 周、2 周、3 周、4 周和 6 周具有正的 CER 增加值，而在更长的区间内，不同的样本内区间选择会导致不同的结果，CER 增加值的变化并不稳定。期权隐含偏度（RN_Skew）在 1 周、2 周、3 周、4 周和 6 周具有正的 CER 增加值，范围在 1.56%~17.92%。这表明 RN_Skew 的预测效果具有较强的经济价值。最后一列的已实现偏度（RSkew）并没有一致为正的结果，这和前述其没有预测能力是保持一致的。

在表 4.7 中，KRP 和期权隐含峰度并没有一致为正的 CER 增加值结果，这和前述的样本外结果表现一致。在前述样本外预测中，已实现峰度（RKurt）仅在部分区间中出现了正的样本外 R^2，在这里我们发现 4 周、6 周、10 周和 14 周的 CER 增加值结果为正。这表明样本外预测能力表现出显著的经济价值，CER 增加值的范围在 0.24%~19.97%。出现上述现象的原因可能在于样本外预测是基于滚动回归的方式进行的，而 CER 增加值的检验则是根据预测期间决定了组合再平衡周期。

表 4.7 KRP 的 CER 增加值结果

样本内区间	预测区间	KRP	RN_Kurt	RKurt
25%	1 周	−2.22%	−2.35%	1.79%
50%	1 周	−4.39%	−3.70%	−0.89%
90%	1 周	−4.45%	−1.76%	−3.93%
25%	2 周	−0.75%	−2.21%	3.05%
50%	2 周	−1.91%	−2.38%	−1.27%
90%	2 周	−3.95%	−4.29%	−7.79%
25%	3 周	0.15%	−1.16%	0.70%
50%	3 周	−1.78%	−2.12%	1.48%
90%	3 周	0.43%	2.20%	−10.99%
25%	4 周	−2.30%	−3.29%	0.88%
50%	4 周	6.75%	3.74%	3.75%
90%	4 周	−3.62%	−9.97%	19.97%
25%	6 周	2.00%	0.61%	2.88%
50%	6 周	−0.01%	−0.73%	1.83%
90%	6 周	−15.69%	−16.22%	10.92%
25%	10 周	3.64%	1.89%	1.27%
50%	10 周	−2.94%	−3.68%	0.74%
90%	10 周	−0.98%	−0.82%	0.62%
25%	14 周	−1.12%	−1.51%	0.24%
50%	14 周	−1.70%	−2.30%	0.50%
90%	14 周	−0.89%	−2.32%	2.04%
25%	18 周	−1.01%	−0.84%	−0.55%
50%	18 周	3.08%	2.66%	0.14%
90%	18 周	−2.22%	−0.25%	−4.66%

在本节中,我们发现 SRP、隐含偏度、已实现峰度在部分区间具有正的 CER 值,表明前述的预测能力具有较强的经济价值。投资者可以利用其收益率预测能力进行资产配置。

4.3 隐含高阶矩和因子模型

表 4.8 显示了相关实证结果。当使用上述四个因子模型对 SRP 进行解释时,市场因子呈现显著的负相关,当市场收益率较低时,SRP 也就较大,同时我们发现截距项系数在 0.001 的显著性水平下显著为负,这表明传统的因子模型并不能充分解释 SRP,其在中国可能成为新的定价因子。

表 4.8 SRP 和 KRP 的因子解释

解释变量	(1) SRP	(2) SRP	(3) SRP	(4) SRP	(5) KRP	(6) KRP	(7) KRP	(8) KRP
mkt_rf	−3.223* (−2.47)	−5.124*** (−4.38)	−4.742*** (−3.91)	−4.157** (−2.65)	1.690 (0.67)	1.553 (0.60)	0.966 (0.36)	4.300 (1.51)
smb		8.040 (1.71)	6.820 (1.29)	2.801 (0.41)		−5.400 (−0.55)	−3.527 (−0.38)	30.82 (1.60)
hml		−4.378 (−1.29)	−5.395 (−1.50)	−10.20 (−1.89)		−9.585 (−0.96)	−8.023 (−0.77)	−9.436 (−0.67)
umd			−3.450 (−0.90)	−2.893 (−0.74)			5.296 (0.70)	5.585 (0.75)
rmw				−1.722 (−0.30)				32.60* (2.34)
cma				8.421 (1.47)				−2.366 (−0.16)
_cons	−0.538*** (−11.68)	−0.539*** (−11.70)	−0.539*** (−11.73)	−0.537*** (−11.70)	0.699*** (4.29)	0.701*** (4.29)	0.701*** (4.29)	0.687*** (4.25)
N	1 191	1 191	1 191	1 191	1 191	1 191	1 191	1 191
调整 R^2	0.007	0.019	0.021	0.023	−0.001	−0.002	−0.002	0

* $p<0.05$,** $p<0.01$,*** $p<0.001$。

在 KRP 的回归结果里,发现大部分因子并不显著,只有 rmw 在最后一列的回归中在 0.05 的显著性水平下显著。此外,主要的因子模型截距项都在 0.001 的显著性水平下显著，表明传统的因子并不能解释 KRP。

上述实证结果表明，高阶矩因子并不能被传统的因子模型解释。市场极端风险对股票定价具有重要的影响。尽管不同的研究对极端风险的定义不同，但上述结论和国内相关研究是一致的，如胡志军（2016）发现个股极端风险显著影响预期收益率，基于极端风险的分组，做多最高组，同时做空最低组，年化收益率约为 16%。

4.4 偏度和卖空成本

Muravyev 等（2016）认为偏度本身并不能预测未来的收益率，是因为偏度充当卖空成本的代理变量。在当前 A 股市场卖空限制的约束下，我们担忧前述的偏度对收益率的可预测性是否由卖空成本引起。

4.4.1 国内证券市场卖空的方式

做空（或者卖空），是指从其他投资者或证券公司借入股票卖出，当股票下跌时再买入股票，归还股票的行为。卖空发挥着积极作用，当市场发生高估时，卖空可以加速股票回归合理水平。卖空承担着较大的风险，一旦股票上涨，卖空将承担巨大的亏损，也需要追加保证金。相对买入股票来说，卖空交易的持仓时间较短。因此，投资者只有在对未来走势有着较大确定性时，或者在相对市场有着领先的信息时，才会开始卖空交易。基于美国市场的研究表明，卖空持仓量、交易量及卖空成本可以预测未来指数的表现（Rapach et al., 2016）。

目前在 A 股市场上，可以使用的做空方式主要有三种：①融券做空，即从证券公司借入股票卖出；②股指期货做空，即使用沪深 300、中证 500、上证 50 股指期货进行空头开仓；③期权做空，即使用上证 50ETF、沪深 300ETF 对应的期权进行合成空头。

对于融券做空，2010 年 3 月，A 股市场开通融资融券业务，由于转融通机制并未完全建立起来，融券业务规模相对较小，卖空限制仍然是 A 股市场面对的问题。首先，供应受限，投资者只能从券商处借入少量的股票，这些股票通常是券商自营或者通过基金公司转融通借来的股票。目前股票融券的持仓量只有一百多亿元，相对于融资的数千亿元规模来讲，体量较小。其次，卖空成本失真，在目前的机制下，券商给予投资者固定的卖空费率，缺少随行就市的卖空成本。在负面事件冲击发生时，证券公司的融券业务常常受到限制。因此券商给出的名义卖空成本无法反映真实的市场供需状态。

对于股指期货做空，2010年4月16日沪深300股指期货上市交易，之后又陆续推出中证500、上证50股指期货。股指期货的升贴水在一定程度上反映市场做空成本，假设现货的价格为 S，期货的价格为 F，期货到期时间为 T，那么在 $T-t$ 的期限内，投资者卖空股指期货需要付出的额外成本为 $F-S$，若 F 等于 S，那么卖空成本可以近似认为 0；当 F 大于 S 时，此时的状态为升水，卖空的成本为负；当 F 小于 S 时，由于存在贴水，贴水率可以近似为卖空成本。在 2015 年股灾之后，监管层针对股指期货市场设立一系列限制措施，同时投资者也有强烈的卖空需求，因此股指期货出现大幅贴水，贴水反映市场的隐含卖空成本。

对于期权做空，由于期权是非常灵活的对冲工具，投资者可以通过买入看跌期权，同时卖出同一行权价的看涨期权来合成空头仓位。由此，我们可以从期权市场中推测出隐含做空成本。由于目前 A 股市场存在多只 ETF 期权活跃交易，期权价格随行就市，比较充分地反映市场的真实状况。借助于上证 50ETF 期权合成空头组合，我们可以从上证 50ETF 期权交易价格中推测出上证 50ETF 的卖空成本。期权隐含做空成本是当前 A 股市场反映真实做空成本的重要度量。

4.4.2 提取期权隐含卖空成本

参考 Muravyev 等（2016）的框架，由于投资者需要构造合成空头，即买入看跌期权，同时卖出看涨期权，作为做市商需要持有相反方向的仓位，为了对冲股票的波动，做市商同时需要融券来做空，以保证做市过程的风险完全被对冲。

做市商初始的现金仓位为

$$S_t + P_t - C_t \tag{4.17}$$

其中，S_t 为 t 时刻的股价；P_t 为看跌期权的价格；C_t 为看涨期权的价格。

在期权到期之后，做市商的回报为

$$-S_T - \int_t^T h(s)S(s)\mathrm{d}s - \max(K - S_T, 0) + \max(S_T - K, 0) \tag{4.18}$$

其中，S_T 为 T 时刻的股价；$h(s)$ 为 s 时刻的融券成本；K 为期权的行权价。

上述模型基于美国的融券卖空市场，其融券费率根据市场供需进行浮动，而在国内这个价格则是固定的。只是在固定的融券成本下，融券的供应量常常不足。因此我们可以借用上述框架来估计真实的融券成本。

化简式（4.18），得到的结果为

$$-\int_t^T h(s)S(s)\mathrm{d}s - K \tag{4.19}$$

时间 t 的现金流为

$$-\mathrm{PV}\left(\int_t^T h(s)S(s)\mathrm{d}s\right) - \mathrm{PV}(K) \quad (4.20)$$

如果做市商进入这个期权市场，其回报必须大于 0，即

$$S_t + P_t - C_t - \mathrm{PV}\left(\int_t^T h(s)S(s)\mathrm{d}s\right) - \mathrm{PV}(K) \geqslant 0 \quad (4.21)$$

由于做市商之间存在竞争，我们可以认为其经济利润为 0。我们定义期权的隐含做空成本为

$$S_t \mathrm{e}^{-h_{\mathrm{imp}}(T-t)} = S_t - \mathrm{PV}\left(\int_t^T h(s)S(s)\mathrm{d}s\right) \quad (4.22)$$

那么在做市商经济利润为 0 的前提下，我们得到：

$$S_t \mathrm{e}^{-h_{\mathrm{imp}}(T-t)} = C_t - P_t + \mathrm{PV}(K) \quad (4.23)$$

那么隐含的做空成本（或融券费率）可以表示为

$$h_{\mathrm{imp}} = -\frac{1}{T-t}\ln\left(\frac{C_t - P_t + \mathrm{PV}(K)}{S_t}\right) \quad (4.24)$$

在 A 股期权市场上，为了活跃期权交易，多家证券和期货公司同时开展做市交易。基于做市商完全竞争的假设，仍然适用于当前的 A 股市场。我们使用全部上证 50ETF 看涨和看跌期权的数据去估计上述隐含做空成本。由于当天存在多个期权合约，为避免噪声引起的估计偏差，使用当日全部合约隐含融券费率的中位数来作为融券成本的度量。在构造卖空成本时，由于期权分红出现加挂合约，同一到期日和行权价的期权出现多张合约，我们仅保留当日成交量最大的合约。表 4.9 汇报了自 2015 年 2 月到 2019 年 12 月融券费率的描述性统计。

表 4.9 隐含做空成本的描述性统计

变量	均值	标准差	最小值	中位数	最大值	偏度	峰度	N	t 值
short_cost	0.024	0.108	-0.32	0.004	1.481	6.715	74.361	1 191	7.786

从数据上来看，上证 50ETF 平均隐含做空费率为 2.4%，中位数为 0.4%。由图 4.1 可知，在 2015 年牛市的早期，隐含做空费率出现极端的负值，这在一定程度上表明市场具有一致的预期，预期未来有较大的涨幅。市场为了获取期权市场提供超高杠杆，愿意通过负的融券费率来补贴做空者。在 2015 年市场崩盘期间，期权隐含的融券费率较高。融券费率在一定程度上反映当前市场的预期。

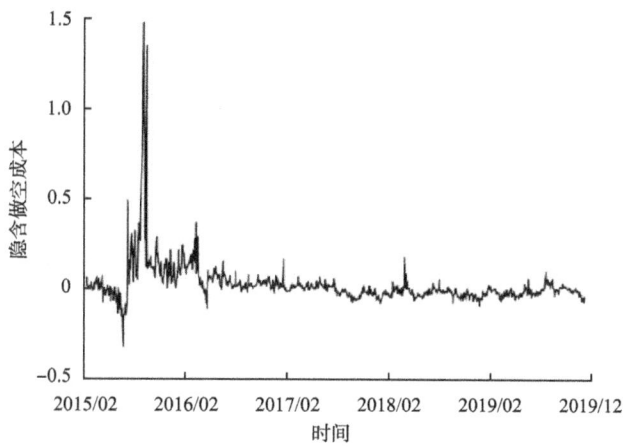

图 4.1 隐含做空成本的走势图

我们关注融券费率能否预测未来市场的收益率，接下来使用一个简单的预测性回归来预测市场未来 1 周、2 周、3 周、4 周、6 周、10 周、14 周、18 周的收益率。我们的回归是样本内预测，即对主要的变量进行 ADF 单位根检验，以确定其是平稳的，符合回归模型的前提，回归结果见表 4.10。括号内为 New-West 调整后的 t 值。做空成本越高，在一定程度上反映市场对未来走势的预期越糟糕。糟糕的市场预期最终对应着负向的收益率，但让我们意外的是期权隐含做空成本对未来的收益率并没有显著的预测能力。

表 4.10 隐含做空成本的预测性回归结果

解释变量	（1）	（2）	（3）	（4）	（5）	（6）	（7）	（8）
	1 周	2 周	3 周	4 周	6 周	10 周	14 周	18 周
short_cost	−0.014 1 （−0.70）	−0.000 96 （−0.04）	−0.002 3 （−0.06）	0.007 53 （0.17）	0.029 7 （0.70）	0.091 3 （1.41）	0.064 8 （0.75）	−0.046 6 （−0.55）
_cons	0.001 54 （0.81）	0.002 32 （0.60）	0.003 68 （0.63）	0.004 60 （0.58）	0.005 98 （0.51）	0.005 81 （0.33）	0.006 29 （0.26）	0.007 66 （0.25）
N	1 186	1 181	1 176	1 171	1 161	1 141	1 121	1 101
调整 R^2	0.001	−0.001	−0.001	−0.001	0.001	0.009	0.003	0.001

注：被解释变量为未来 1 周、2 周、3 周、4 周、6 周、10 周、14 周和 18 周的收益率，解释变量为期权隐含做空成本预测性回归的估计结果。为了解决累计收益率样本重叠的问题，我们在括号里汇报了 Newey-West 调整后的 t 值，滞后期设为预测天数的两倍

表 4.11 给出了隐含做空成本的样本外预测效果。我们发现隐含做空成本对未

来的收益率并不具备稳定的样本外预测能力，和样本内的结果保持一致。

表 4.11　隐含做空成本的样本外预测效果

样本内区间	预测天数	样本外 R^2	t 值	P 值
25%	1 周	−0.19%	−0.04	0.51
50%	1 周	−0.50%	−1.10	0.86
90%	1 周	−1.10%	−2.57	0.99
25%	2 周	−0.26%	−3.12	1.00
50%	2 周	−0.31%	−3.11	1.00
90%	2 周	−0.19%	−4.52	1.00
25%	3 周	−0.34%	−3.22	1.00
50%	3 周	−0.41%	−3.22	1.00
90%	3 周	−0.45%	−5.46	1.00
25%	4 周	−0.69%	−8.26	1.00
50%	4 周	−0.38%	−4.62	1.00
90%	4 周	0.45%	4.06	0
25%	6 周	−2.11%	−7.23	1.00
50%	6 周	−0.66%	−2.04	0.98
90%	6 周	0.96%	1.87	0.03
25%	10 周	−8.94%	−10.66	1.00
50%	10 周	−3.08%	−2.79	1.00
90%	10 周	−7.23%	−3.16	1.00
25%	14 周	−11.36%	−16.11	1.00
50%	14 周	−5.07%	−6.24	1.00
90%	14 周	−6.00%	−4.13	1.00
25%	18 周	−6.19%	−19.78	1.00
50%	18 周	−2.70%	−18.66	1.00
90%	18 周	0.74%	2.43	0.01

4.4.3　卖空成本是否是偏度的代理变量

为了检验上述结论在上证 50ETF 期权市场是否存在，我们在回归里同时引入卖空成本和隐含偏度，其估计结果见表4.12。

表 4.12 同时包含期权隐含偏度和隐含做空成本的预测性回归结果

解释变量	（1）1周	（2）2周	（3）3周	（4）4周	（5）6周	（6）10周	（7）14周	（8）18周
RN_Skew	−0.005 70 (−1.95)	−0.013 7* (−2.54)	−0.020 1* (−2.51)	−0.024 7* (−2.26)	−0.032 9* (−2.16)	−0.055 9* (−2.36)	−0.057 0* (−2.00)	−0.066 5* (−2.25)
short_cost	−0.024 2 (−1.18)	−0.025 1 (−1.03)	−0.037 7 (−0.94)	−0.035 9 (−0.81)	−0.027 9 (−0.58)	−0.005 89 (−0.12)	−0.033 7 (−0.59)	−0.161* (−2.56)
_cons	−0.000 308 (−0.13)	−0.002 13 (−0.46)	−0.002 89 (−0.42)	−0.003 53 (−0.38)	−0.004 89 (−0.35)	−0.013 1 (−0.63)	−0.013 2 (−0.45)	−0.014 7 (−0.42)
N	1 186	1 181	1 176	1 171	1 161	1 141	1 121	1 101
调整 R^2	0.008	0.023	0.033	0.038	0.044	0.090	0.073	0.094

* $p < 0.05$

注：被解释变量为未来1周、2周、3周、4周、6周、10周、14周和18周的收益率，解释变量为期权隐含做空成本预测性回归的估计结果。为了解决累计收益率样本重叠的问题，我们在括号里汇报了 Newey-West 调整后的 t 值，滞后期设为预测天数的两倍

在表 4.12 中，我们引入了期权隐含做空成本（short_cost），期权隐含偏度（RN_Skew）对未来收益率存在负相关的关系，且在2周、3周、4周、6周、10周、14周和18周显著，这一结论和前述单变量回归是一致的。期权隐含做空成本仅在18周显著为负，表现出一定的预测能力。这一结果表明，期权隐含偏度和隐含做空成本包含不同的信息集，它们之间不能互相解释。

为了进一步验证上述结果，我们参考 Xing 等（2010）构造波动率形状的关系。构造表4.13的波动率形状，我们使用全部交易的期权，并计算同一期限、同一行权价的 IVS，把它作为隐含 IVS 的代表。

表 4.13 隐含 IVS 的预测性回归结果

解释变量	（1）1周	（2）2周	（3）3周	（4）4周	（5）6周	（6）10周	（7）14周	（8）18周
IVS	−0.008 45 (−0.47)	0.014 7 (0.60)	0.021 6 (0.58)	0.034 8 (0.82)	0.042 5 (0.97)	0.077 1 (1.03)	0.048 1 (0.51)	−0.024 2 (−0.25)
_cons	0.001 49 (0.78)	0.001 77 (0.47)	0.002 83 (0.49)	0.003 50 (0.44)	0.005 16 (0.44)	0.005 28 (0.30)	0.006 17 (0.25)	0.007 31 (0.24)
N	1 186	1 181	1 176	1 171	1 161	1 141	1 121	1 101

	（1）	（2）	（3）	（4）	（5）	（6）	（7）	（8）
解释变量	1周	2周	3周	4周	6周	10周	14周	18周
调整 R^2	0	0.001	0.002	0.004	0.004	0.009	0.002	0

注：被解释变量为未来 1 周、2 周、3 周、4 周、6 周、10 周、14 周和 18 周的收益率，解释变量为期权隐含做空成本预测性回归的估计结果。为了解决累计收益率样本重叠的问题，我们在括号里汇报了 Newey-West 调整后的 t 值，滞后期设为预测天数的两倍

表 4.13 的结果表明，IVS 并不能预测未来的收益率，且调整 R^2 较小。为验证 IVS 和隐含偏度存在信息重合，我们在回归中同时加入 IVS 和隐含偏度。

表 4.14 给出了隐含 IVS 和隐含偏度的预测性回归结果。结果表明加入 IVS 后，期权隐含偏度的结果仍然保持不变，在未来的 1 周、2 周、3 周、4 周、6 周、10 周、14 周和 18 周均有显著的预测能力。上述结果和回归中仅期权隐含偏度的结果基本保持一致。

表 4.14　隐含 IVS 和隐含偏度的预测性回归结果

解释变量	（1）	（2）	（3）	（4）	（5）	（6）	（7）	（8）
	1周	2周	3周	4周	6周	10周	14周	18周
RN_Skew	-0.006 29* （-1.97）	-0.013 1* （-2.22）	-0.019 3* （-2.17）	-0.023 5* （-1.97）	-0.033 4* （-2.02）	-0.059 8* （-2.38）	-0.062 6* （-2.09）	-0.073 0* （-2.25）
IVS	-0.020 9 （-1.10）	-0.011 1 （-0.43）	-0.016 3 （-0.39）	-0.011 3 （-0.23）	-0.022 9 （-0.43）	-0.039 5 （-0.59）	-0.073 7 （-0.95）	-0.166 （-1.59）
_cons	-0.000 379 （-0.15）	-0.002 16 （-0.46）	-0.002 94 （-0.43）	-0.003 56 （-0.38）	-0.004 96 （-0.36）	-0.013 2 （-0.64）	-0.013 4 （-0.47）	-0.015 4 （-0.45）
N	1 186	1 181	1 176	1 171	1 161	1 141	1 121	1 101
调整 R^2	0.008	0.020	0.029	0.035	0.044	0.092	0.078	0.101

* $p < 0.05$

注：被解释变量为未来 1 周、2 周、3 周、4 周、6 周、10 周、14 周和 18 周的收益率，解释变量为期权隐含做空成本预测性回归的估计结果。为了解决累计收益率样本重叠的问题，我们在括号里汇报了 Newey-West 调整后的 t 值，滞后期设为预测天数的两倍

综上，我们可以认为期权隐含偏度可以预测未来的收益，且高阶矩信息具有独立的信息含量。这种预测能力既不是由于充当卖空成本的代理变量，也没有和 IVS 的信息重合。

4.5 隐含高阶矩和横截面收益

Chang 等（2013）基于 AHXZ 的框架探索市场偏度风险对横截面股票定价的影响，结果发现暴露于高水平下偏度变化的股票平均来看收益率更低。同时，这种偏度风险并不能被市场超额收益、公司规模、账面市值比、动量、市场波动率特征及公司的其他特征所决定，因此在美国市场上偏度风险可能是一个新的定价因子。此外，暴露于波动率和峰度较高的股票平均来看回报也更大，但这个结果并没有偏度风险对股票的影响那么稳定。因此，我们关注 A 股市场期权隐含矩是否能成为横截面股票的定价因子。

此外，其他学者讨论了偏度的风险价格，如 Kapadia（2006）、Chang 等（2013）基于期权隐含偏度，发现市场偏度风险价格为负，而 Adrian 和 Rosenberg（2008）基于历史数据估计的偏度，则发现市场偏度风险价格为正。

4.5.1 偏度风险暴露的分组结果

首先，我们使用单一变量回归来估计 $\beta^i_{\Delta\text{Skew}}$。估计方程如式（4.25）所示。

$$R^i_t - R^f_t = \beta^i_0 + \beta^i_{\text{MKT}}(R_{m,t} - R_{f,t}) + \beta^i_{\Delta\text{Skew}}\Delta\text{Skew} + \varepsilon \quad (4.25)$$

其次，以式（4.25）来估计引入多变量的 $\beta^i_{\Delta\text{Skew}}$。根据每个月的 $\beta^i_{\Delta\text{Skew}}$ 进行分组，进而构建投资组合，表 4.15 给出了实证结果。

表 4.15 依照多变量回归得到 $\beta^i_{\Delta\text{Skew}}$ 分组排序的结果（月度）

组别	多变量计算的 beta				单变量计算的 beta			
	等权重		市值加权		等权重		市值加权	
	收益率	t 值	收益率	t 值	收益率	t 值	收益率	t 值
第 1 组	−0.10%	−0.10	1.15%	1.25	0.02%	0.02	1.45%	1.68
第 2 组	0.53%	0.47	1.40%	1.44	0.50%	0.46	1.37%	1.40
第 3 组	0.58%	0.51	1.49%	1.37	0.66%	0.56	1.48%	1.34
第 4 组	0.65%	0.55	1.74%	1.61	0.66%	0.56	1.72%	1.53
第 5 组	0.08%	0.07	1.56%	1.30	−0.10%	−0.08	1.17%	1.00
第 5 组−第 1 组	0.19%	0.38	0.40%	0.55	−0.12%	−0.26	−0.28%	−0.45

注：首先，我们按前文的方法根据回归系数 beta 分组。第 1 组包含最低 beta，第 5 组包含最高 beta。其次，根据每个分组里的股票市值计算市值加权收益率和等权重收益率。对于每个组合，我们记录股票在接下来一个自然月的表现，这些收益率是排序后的收益率。基于滚动的窗口，我们计算出来五个分组每个月的收益率及事前的 beta。最后，我们还汇报了收益率对应的 t 值。

在多变量计算的 $\beta^i_{\Delta Skew}$ 排序结果中，我们发现第 1 组的等权重收益率为 −0.10%，市值加权收益率为 1.15%，两者的 t 值均较小。第 2~5 组的等权重收益率分别为 0.53%、0.58%、0.65% 和 0.08%；第 2~5 组市值加权收益率分别为 1.40%、1.49%、1.74% 和 1.56%，但遗憾的是收益率的 t 值均较小，我们同时做多第 5 组，做空第 1 组，等权重收益率和市值加权收益率分别为 0.19% 和 0.40%。总的来说，收益率没有呈现单调的趋势，且每一组收益率并不显著为正；我们构建的多空组合也没有显著的差异，因此在月度数据维度上，我们发现股票对市场偏度的风险暴露并没有显著影响股票的收益。

表 4.15 也给出了单变量排序的结果。等权重下，第 1 组收益率为 0.02%，第 2 组为 0.50%，第 3 组和第 4 组均为 0.66%，第 5 组为 −0.10%。在市值加权情况下，第 1 组的收益率为 1.45%，第 2 组为 1.37%，第 3 组为 1.48%，第 4 组为 1.72%，第 5 组为 1.17%，不过 t 值并不显著。前四组的分布单调递增，但总的收益率分布并不是单调的，此外，第 5 组减去第 1 组的收益率分别为 −0.12% 和 −0.28%，但并不显著。根据单变量计算 $\beta^i_{\Delta Skew}$ 的结果，仍旧发现偏度风险暴露没有对股票收益率产生影响。

在表 4.16 中，我们检查了基于周度数据调仓的结果。实证结果发现两种情况下，收益率都没有出现单调的情况。在多变量情况下，对第 5 组做多，对第 1 组做空，收益率分别为 0.12%（等权重）和 0.15%（市值加权），且上述收益率并不显著。在单变量情况下，多空组合的收益率分别为 0.09%（等权重）和 −0.01%（市值加权）。周度数据的结果也表明，偏度风险暴露并没有影响股票收益率。

表 4.16　依照多变量回归得到 $\beta^i_{\Delta Skew}$ 分组排序的结果（周度）

组别	多变量计算的 beta				单变量计算的 beta			
	等权重		市值加权		等权重		市值加权	
	收益率	t 值	收益率	t 值	收益率	t 值	收益率	t 值
第 1 组	−0.04%	−0.13	0.27%	0.98	−0.02%	−0.06	0.39%	1.56
第 2 组	0.26%	0.81	0.54%	2.13	0.23%	0.71	0.39%	1.51
第 3 组	0.28%	0.85	0.48%	1.71	0.30%	0.91	0.48%	1.73
第 4 组	0.30%	0.89	0.51%	1.75	0.27%	0.79	0.51%	1.63
第 5 组	0.07%	0.21	0.41%	1.27	0.07%	0.20	0.39%	1.12
第 5 组−第 1 组	0.12%	1.10	0.15%	0.93	0.09%	0.70	−0.01%	−0.03

注：我们根据前文分组的方法，记录每个组合在接下来一个自然周（5 个交易日）的表现，我们还汇报了收益率对应的 t 值

4.5.2 峰度风险暴露的分组结果

首先，和偏度风险暴露类似，我们用单一变量回归估计 $\beta_{\Delta\text{Kurt}}^i$。估计方程为式（4.26）。

$$R_t^i - R_t^f = \beta_0^i + \beta_{\text{MKT}}^i (R_{m,t} - R_{f,t}) + \beta_{\Delta\text{Kurt}}^i \Delta\text{Kurt} + \varepsilon \qquad (4.26)$$

其次，以式（4.26）来估计引入多变量的 $\beta_{\Delta\text{Kurt}}^i$。我们根据每个月的 $\beta_{\Delta\text{Kurt}}^i$ 进行分组，进而构建投资组合。表 4.17 给出了单变量和多变量回归计算的结果，同时也给出了基于简单平均加权和市值权重加权的月度收益率结果。

表 4.17 依照多变量回归得到 $\beta_{\Delta\text{Kurt}}^i$ 分组排序的结果（月度）

组别	多变量计算的 beta				单变量计算的 beta			
	等权重		市值加权		等权重		市值加权	
	收益率	t 值	收益率	t 值	收益率	t 值	收益率	t 值
第 1 组	0.35%	0.28	1.64%	1.43	0.42%	0.34	1.72%	1.51
第 2 组	0.56%	0.47	1.49%	1.39	0.67%	0.56	1.44%	1.29
第 3 组	0.56%	0.50	1.23%	1.22	0.55%	0.49	1.48%	1.46
第 4 组	0.39%	0.35	1.34%	1.50	0.26%	0.24	1.15%	1.24
第 5 组	−0.12%	−0.10	1.49%	1.39	−0.18%	−0.16	1.24%	1.22
第 5 组−第 1 组	−0.47%	−1.09	−0.16%	−0.26	−0.60%	−1.52	−0.48%	−0.82

注：首先，按照前文分组的方法，对 beta 按照从低到高进行分组。第 1 组 beta 最低，第 5 组 beta 最高。其次，求出每组的市值加权收益率和等权收益率，并记录每个组合在下一个自然月的表现。最后，我们还汇报了收益率对应的 t 值

根据多变量计算的结果，第 1 组等权重收益率和市值加权收益率分别为 0.35% 和 1.64%，且 t 值均较小。第 2~5 组的等权重收益率分别为 0.56%、0.56%、0.39% 和 −0.12%；第 2~5 组市值加权收益率分别为 1.49%、1.23%、1.34% 和 1.49%，但是 t 值也都较小。做多第 5 组，做空第 1 组，等权重收益率为 −0.47%，市值加权收益率为 −0.16%。总体来说，收益率没有呈现单调的趋势，且每一组收益率并不显著为正。多空组合也没有显著差异，因此股票对市场峰度风险暴露并没有影响股票的收益。

表 4.17 给出了单变量的结果。与多变量类似，股票对市场峰度风险暴露没有影响股票的收益。

为了确认上述结果的稳健性，我们还基于周度的数据来构建投资组合。投资组合调仓以周度来度量，并以过去四周来估计 beta。在表 4.18 中，我们检查了基

于周度数据调仓的结果。无论是根据多变量计算的 beta 分组，还是单变量计算的 beta 分组，收益率并没有呈现单调的特征。同时根据多变量计算的 beta 分组时，做多第 5 组，同时做空第 1 组，收益率分别为-0.14%（等权重）和-0.06%（市值加权）。上述收益率并不显著。当根据单变量计算的 beta 分组时，多空组合的收益率分别为-0.15%（等权重）和-0.09%（市值加权）。周度数据的结果也表明，峰度风险暴露并没有影响股票的收益。

表 4.18　依照多变量回归得到 $\beta^i_{\Delta\text{Kurt}}$ 分组排序的结果（周度）

组别	多变量计算的 beta				单变量计算的 beta			
	等权重		市值加权		等权重		市值加权	
	收益率	t 值	收益率	t 值	收益率	t 值	收益率	t 值
第 1 组	0.11%	0.33	0.41%	1.44	0.11%	0.34	0.42%	1.54
第 2 组	0.25%	0.77	0.53%	2.02	0.27%	0.85	0.49%	1.77
第 3 组	0.30%	0.91	0.50%	1.76	0.29%	0.88	0.49%	1.72
第 4 组	0.24%	0.71	0.42%	1.44	0.21%	0.61	0.42%	1.42
第 5 组	−0.03%	−0.08	0.35%	1.06	−0.04%	−0.10	0.33%	1.00
第 5 组−第 1 组	−0.14%	−1.37	−0.06%	−0.42	−0.15%	−1.38	−0.09%	−0.53

注：我们按前文方法对股票进行分组，并记录每个组在下一个自然周（5 个交易日）的表现，我们还汇报了收益率对应的 t 值

总的来说，无论是基于周度还是月度频率的数据，我们发现股票对波动率风险暴露、偏度风险暴露和峰度风险暴露都没有显著的超额收益，这和成熟市场有着较大的差别。

4.6　期权隐含偏度与隐含高阶矩实验总结

金融市场常常受一些极端事件冲击，如 2008 年金融危机、2015 年 A 股市场股灾。这些极端事件常常引发市场的剧烈波动，表现出非对称的特征。如何刻画这些极端风险是实证资产定价的一个挑战。由于极端风险的出现很难被预测，我们很难通过历史数据来刻画这种极端风险，而期权市场汇集投资者的未来预期，能够较好地反映投资者对极端风险的估计。

在本章中，我们借助期权市场的隐含高阶矩（包括隐含偏度和隐含峰度）来刻画市场极端风险，并检验这种极端风险能否预测未来的收益。

实证结果表明，期权隐含偏度能够显著预测未来的收益。然而，国外的相关研究表明，期权隐含偏度可能是隐含做空成本的代理变量。考虑到中国市场缺少足够有效的做空工具，投资者可以通过期权市场合成空头对代替融券做空。我们发现在 A 股市场，期权隐含做空成本和隐含偏度包含不同的信息，隐含做空成本并不能覆盖隐含偏度的预测能力。

　　我们分别在样本内外检验隐含高阶矩的预测能力，均值-方差投资者可以利用这种预测能力改进资产配置。我们引入多因子模型去解释期权隐含高阶矩，期权隐含高阶矩可能会成为潜在的定价因子。最后，我们基于横截面的风险暴露水平对股票分组，研究发现偏度和峰度风险暴露并不能显著影响横截面的收益。

第 5 章　期权隐含信息和投资组合选择

在本章，我们重点关注期权隐含信息在投资组合选择里的应用。通常认为，拥有更多信息优势的投资者会选择在期权市场交易，这样他们可以通过使用更少的资金而获得更大的利润。这些信息会反映在期权市场的交易价格上，因此期权市场的隐含信息值得我们重视。除了利用这些信息进行收益率预测外，我们还可以利用它们构造投资组合模型。传统的投资组合模型使用历史数据计算收益率的分布特征，如方差、峰度和峰度，一方面并没有真正利用到历史收益率之外的其他信息，包括一些未能观测到的私人信息；另一方面这样利用历史信息简单的外推，并不能反映出对未来收益率的预测，而期权隐含信息却巧妙地规避了上述缺点。拥有不同信息的投资者在期权市场上进行交易，我们可以认为期权价格已经反映当前市场拥有的全部信息和当前的市场共识。期权需要在未来的某一段时间对标的资产进行交割，因此期权隐含信息天然地就成为标的资产的预测结果。

在均值-方差框架的投资组合模型中，投资者需要基于对未来收益率和协方差矩阵的预测，进而确定当前的资产配置权重。投资组合理论是以智能投顾、FOF（fund of fund，基金的基金）投资为代表的金融科技行业的理论基础。最近的研究发现智能投顾可以帮助投资者规避行为偏差，同时提高组合的分散度（Dacunto et al., 2019）。以美国的创业公司 Wealthfront 为例[①]，该公司依靠现代投资组合理论为投资者提供低成本的指数基金。在当前金融科技日益受到重视的背景下，借助期权隐含信息改进投资组合模型对于投资者具有非常重要的指导意义。

当我们把期权信息引入投资组合模型中时，可以引入期权市场包含的信息。我们不能完全地基于期权市场预测未来收益率和协方差矩阵，故本章讨论的投资组合模型在一定程度上是混合的模型。在这类模型中，我们既有传统历史收益率计算的结果，也有期权市场隐含信息。我们期望上述方法能够在一定程度上改进我们的投资组合选择。

---

① Wealthfront 依赖 B-L 模型进行资产配置，更多的模型细节可以参考 Wealthfront 的投资白皮书：https://research.wealthfront.com/whitepapers/investment-methodology/。

在前述几个章节的讨论中，我们仅关注上证 50ETF 期权，而对于资产配置模型来讲，我们需要输入更多的资产。本章考察的投资组合模型分为两个部分：①我们利用期权隐含波动率信息构建包括 A 股、美股、原油、港股、黄金在内的投资组合。选取的这些资产在全球具有相对统一的价格，其收益率分布特征也相对一致，因此我们同时引入美国市场交易的 ETF 期权数据来计算期权隐含信息。模型选择以风险模型为主，我们以期权隐含波动率替代历史数据估计出来的波动率。选择的风险模型包括风险平价模型、逆波动率模型、目标风险模型。②基于复原定理推导出来的期望收益，我们首次在 M-V 模型框架下，把期权隐含收益作为投资者观点加入 B-L 模型，并测试投资组合模型样本外的表现。由于上证 50ETF 期权样本时间较短，我们仅测试美国市场上交易的一系列资产。

5.1 投资组合模型概述

参考 Hallerbach（2015）提出的"资产配置决策倒金字塔"的概念，我们回顾一下资产配置模型的类型，表 5.1 汇报了不同投资组合模型需要的信息。

表 5.1 不同投资组合模型需要的信息

类别	模型	需要的信息
第一类	平均加权模型、市值加权模型	不需要期望收益和风险的信息
第二类	逆波动率模型，将资产波动率的倒数作为权重	仅需要资产标准差的信息
第三类	最小方差模型、最大分散度模型、风险平价模型	需要标准差和相关系数的模型
第四类	最大夏普比率模型	需要期望收益、标准差和相关系数

注：上述内容节选自 Hallerbach（2015）的 "Advances in portfolio risk control"

我们发现上述四类模型构成一个资产配置的金字塔，平均加权模型（即 1/N）需要的信息最少，它通常作为资产配置模型比较的基准。此外，第二类模型——逆波动率模型相对简单，如果我们知道资产的波动率，那么就可以将资产波动率的倒数作为权重进行资产配置。第三类模型依赖于估计出的协方差（即标准差和相关系数），需要在第二类模型的基础上预测资产的相关系数，从而构造出完整的协方差矩阵，进而构造最小方差模型、最大分散度模型和风险平价模型。第二类和第三类模型由于承担较少的风险，在实证结果中通常收益和波动率也相对较小。第四类模型不但需要协方差，还需要得到资产明确的期望收益。通常来说，M-V 模型是一个典型的最大夏普比率模型。B-L 模型也隶属于最大夏普比率模型。B-L

模型依托均值-方差的框架，依赖资产类别之间的先验权重推导出先验收益率，再引入投资者对未来市场的观点，形成后验收益率，从而有效地解决收益率难以预测及对参数敏感性的问题。

由此，我们可以看到，期权隐含波动率可以天然地应用到第二类模型上。以 VIX 为例，它代表投资者对未来 30 天市场波动率的预测。因此我们以 VIX 的倒数作为权重，可以简便地构造出逆波动率模型。对于第三类模型，我们需要估计出资产完整的协方差矩阵。仅在极少数的设定下，根据期权市场推导出协方差矩阵，如 Kempf 等（2015）基于道琼斯指数及其成分股的期权交易信息构造最小方差模型；郑振龙和王磊（2017）利用存在三角关系的外汇期权估计出两个外汇组合之间的协方差。除了以上两种情况外，我们仍然需要基于历史数据来估计相关系数，通过相关系数和隐含波动率的乘积来构造协方差。对于第四类模型，我们需要依赖更多的历史信息来估计。我们基于隐含波动率估计波动率，同时使用历史信息估计相关系数和期望收益，通过这样部分引入期权信息的方式，改善模型的结果。

在本章的投资组合模型选择中，同时考察上述四类模型。我们把第一类模型作为比较的基准。第二类模型（逆波动率模型）和第三类模型（风险平价模型）将在基于期权隐含波动率的投资组合中进行考察。第四类基于最大夏普比率的模型，同时比较经典的 M-V 模型和引入投资者观点的 B-L 模型。

在投资组合模型中，引入较多的变量会带来较大的估计偏差。Chopra 和 Ziemba（1993）的研究表明，相较于协方差矩阵的估计误差，期望收益的估计误差会给投资者带来更大的效用损失。当投资者的风险厌恶水平越高时，对收益率的估计误差越敏感，效用损失越大。在风险模型中，我们仅引入期权隐含波动率一个变量，用它来替代历史波动率。上述方式相对比较简便，实用价值较强。在第四类模型中，我们引入较为复杂的 B-L 模型以改善收益率难以估计及模型敏感性较高的问题。我们把期权复原定理推导出来的资产收益率作为一个观点，加入 B-L 模型中。由于期权复原定理的实证实现需要一系列假设，实用价值可能会受到一定程度的制约。尽管如此，我们的实证结果仍然是期权复原定理在投资组合理论中应用的积极尝试。

5.2 基于期权隐含波动率的投资组合

由于国内股票期权只有上证 50ETF 期权和沪深 300 期权，且数据长度较短，在国内证券市场上我们缺少足够的期权标的去构造投资组合。本章把注意力放在全球资产配置上，很多资产（如黄金、原油）尽管在国内也可以通过购买 ETF 的方式进行投资，但其定价权仍然被美国等发达市场所决定，因此可以借助在成熟市场的期权交易信息去改善投资组合配置。

我们考虑了以下七类资产：黄金、标准普尔 500、纳斯达克 100 指数、富时 50 指数（追踪在香港上市的内地企业，以大盘股为主）、美国 10 年期国债、原油和上证 50 指数。为了考虑上证 50 指数的影响，我们将样本期定为 2015 年 2 月到 2019 年 12 月。Qiao 等（2019）利用 Lynch 和 Wachter（2013）提出的样本扩充方法，构造多个新兴市场国家的隐含方差，并研究隐含方差对收益率的预测效果，但是这种方法是基于样本内的方法，所有的数据统一使用广义矩估计，估计出来的 IV 在一定程度上包含未来的信息。在我们的投资管理中，我们完全是基于样本外的预测，即在每个组合调仓的时间点里，仅使用这个时间点可以获得的信息去确定下一期的权重，因此并未采用 sample-extension 的方法去扩展我们的样本。

前六类资产的每日价格来自雅虎财经（Yahoo Finance）。此外，CBOE 还公布了每类资产未来 30 天的预期波动率，包括原油、标准普尔 500、黄金、美国 10 年期国债、富时 50 指数。对于上证 50 指数，未来 30 天的预期波动率来自前述章节的计算。为了计量方便，我们把上证 50ETF 的交易价格转换为美元计价，人民币美元中间价的数据来自 Wind 资讯。

由于涉及不同资产、不同币种和不同交易市场，且我们是按照月度频率进行调仓的，这种差异维持在可控的范围内。我们把时间统一为中国北京时间，由于不同市场的交易日不同，仅保留两个市场都交易的时间作为我们的回测样本。

5.2.1 模型介绍和评价

传统的资产配置模型（如 M-V 模型）利用历史信息来估计期望收益和波动率，历史信息常常包含较大的估计偏差，基于历史数据回测的结果，以均值-方差为代表的资产配置模型很难跑赢等权重组合（$1/N$）。VIX 指数反映投资者对未来 30 天波动率的预期，如果我们使用 VIX 指数来取代上述资产配置模型中的历史波动率，资产配置的表现将有望得到提升。

为了关注波动率对资产配置的影响，我们考虑两类模型：一类是风险等权模型，又称逆波动率模型，即使用资产波动率（即 VIX）的倒数作为资产加权的权重；另一类是风险平价模型，风险平价模型可以指定每一类资产承担波动的比例，我们考虑一个简单的情况，即每一类资产承担相同的风险波动，即等权风险平价模型。

风险平价模型以配置风险而非配置资产作为切入点。以等权风险平价模型为例，其要求单个资产对整体投资组合具有相同的风险贡献。假设资产 j 的边际风险

贡献（MRC_j）为

$$\text{MRC}_j = \frac{\partial \sigma_p}{\partial w_j} = \frac{(V \times w)_j}{\sigma_p} \tag{5.1}$$

其中，w_j 表示第 j 个资产的权重；V 表示资产的协方差矩阵；$\sigma_p = \sqrt{w \times V \times w^T}$ 表示组合风险。资产 j 对总投资组合的风险贡献 RC_j 为

$$\text{RC}_j = w \times \text{MRC}_j = \frac{w_j(V \times w)_j}{\sigma_p} \tag{5.2}$$

等权风险平价模型是所有资产中每个资产的 RC 相等的投资组合。我们优化约束的条件是一个二次优化问题，目标函数是投资组合资产 RC 平方误差总和最小：

$$J(x) = \left(\sum_{i=1}^{n} \sum_{j=1}^{n} \left[w_i(V \times w) \right]_i - w_j(V \times w)_j \right)^2 \tag{5.3}$$

优化问题的目标函数为

$$\min J(x) \tag{5.4}$$

约束条件是

$$\text{s.t.} \sum_i w_i = 1 \tag{5.5}$$
$$1 \geqslant w_i \geqslant 0$$

在风险平价模型中，我们需要构造出资产之间的协方差矩阵，由于我们仅知道资产的预期波动率，而不知道其预期的相关系数，我们采用过去 30 天的收益率首先拟合出来一个历史的相关系数，其次和 VIX 结合起来，进而构造出协方差矩阵。特别地，对于资产 i 和资产 j，其协方差可以表示为

$$\text{cov}_{i,j} = \rho_{i,j} \times \text{VIX}_i \times \text{VIX}_j \tag{5.6}$$

目标风险模型是在给定风险水平下，追求投资收益率的最大化。目前目标风险策略是美国公募 FOF 组合的主流策略。期权的隐含波动率包含前瞻信息，故在目标风险模型中引入隐含波动率，有助于控制模型风险，使得模型风险维持在目标风险之下。

对于目标风险模型，我们的目标函数为

$$\min\left(w_i' \sum w_i - \sigma_T\right) \tag{5.7}$$

那么它的约束条件包括：

$$w_i' \sum w_i < \sigma_T, \quad \sum w_i = 1, w_i \subset [0,1] \tag{5.8}$$

在上述设定中，σ_T 为目标风险。

我们使用滚动窗口的方法计算投资组合的表现，即使用 t 月初可以获得信息计

算权重，以此权重持仓到 $t+1$ 月初，以此类推。使用以下指标来评价我们的模型，首先是夏普比率，使用整个回测区间的平均回报率 $\hat{\mu}$，除以样本区间的标准差 $\hat{\sigma}$，即夏普比率可以表示为

$$\text{Sharpe ratio} = \frac{\hat{\mu}}{\hat{\sigma}} \tag{5.9}$$

5.2.2 投资组合回测结果

表 5.2 汇报了引入期权隐含波动率 VIX 后的资产配置效果。

表 5.2 引入期权隐含波动率 VIX 后的资产配置效果

模型类别	总回报	年化收益率	年化波动率	最大回撤	夏普比率
等权重模型	12.84%	3.07%	10.85%	−29.97%	0.14
基于 VIX 的风险等权模型	21.41%	4.97%	5.54%	−13.27%	0.63
基于历史信息的风险等权模型	8.14%	1.98%	3.09%	−5.96%	0.15
基于 VIX 的风险平价模型	16.51%	3.89%	5.07%	−14.45%	0.47
基于历史信息的风险平价模型	14.42%	3.42%	4.54%	−12.22%	0.42

注：风险等权模型即逆波动率模型，即把各个资产的波动率倒数进行加权；风险平价模型则强调各个资产的风险贡献率相等。

表 5.2 中基于历史信息是指使用资产过去 30 天的收益率构造协方差矩阵，基于 VIX 是指使用 VIX 及过去 30 天收益率计算的相关系数计算协方差矩阵。我们发现引入 VIX 后的风险等权和风险平价模型总回报和夏普比率都会得到提升。基于 VIX 的风险等权和风险平价模型的年化收益率分别为 4.97%和 3.89%，对应的年化波动率分别为 5.54%和 5.07%，都要显著好于等权重模型（年化收益率为 3.07%，年化波动率为 10.85%）。此外，我们还发现基于过去 30 天估计出来的历史波动率构建的投资组合模型回测效果并不稳定，基于历史信息的风险等权年化收益率仅为 1.98%，年化波动率为 3.09%，夏普比率也较低。基于历史信息的风险平价模型也要弱于基于 VIX 的风险平价模型，前者的夏普比率为 0.42，小于后者的夏普比率为 0.47。

上述结果证实引入期权隐含波动率后，无论是风险等权还是风险平价模型夏普比率均得到显著提升，均跑赢引入历史波动率的投资模型和等权重模型。这表明期权隐含信息要优于历史信息，其所含信息提升了投资组合的表现。

接下来我们考察目标风险模型的资产配置效果，目标风险模型主要目的在于达到目标风险，期望通过承担对应目标的风险来获得相应的收益，表 5.3 是模型总体的表现。

表 5.3　目标风险模型的表现

目标风险	投资组合	年化收益率	年化波动率	夏普比率	目标风险偏离
5%	历史信息	3.89%	6.10%	0.39	1.10%
	引入 VIX	3.81%	4.75%	0.49	−0.25%
10%	历史信息	3.18%	11.06%	0.15	1.06%
	引入 VIX	4.34%	9.25%	0.31	−0.75%
15%	历史信息	0.96%	15.90%	−0.03	0.90%
	引入 VIX	2.25%	13.42%	0.06	−1.58%
20%	历史信息	−0.66%	20.88%	−0.10	0.88%
	引入 VIX	−0.10%	17.94%	−0.09	−2.06%

我们分别检查目标风险 5%、10%、15% 和 20% 下的资产配置结果。表 5.3 中"历史信息"与"引入 VIX"含义与表 5.2 类似。在 5%目标风险下，基于历史信息和基于期权信息的投资组合年化波动率分别为 6.10%和 4.75%。基于期权信息的投资组合成功地将波动控制在目标风险之下。此外，在 10%、15%和 20%的目标风险下，上述结果均相对稳健。我们发现引入期权信息的目标风险模型有效地控制目标风险偏离，模型风险小于期望风险。这表明期权隐含波动率包含了更多的信息含量。表 5.4 汇报了目标风险模型中各类资产的配置比例。

表 5.4　目标风险模型中各类资产的配置比例

资产类别	模型	20%目标风险	15%目标风险	10%目标风险	5%目标风险
黄金	历史信息	7.02%	11.01%	16.30%	17.63%
	期权信息	8.73%	12.80%	18.19%	12.95%
美债	历史信息	6.92%	10.63%	17.13%	39.92%
	期权信息	8.52%	12.19%	21.03%	55.14%
原油	历史信息	47.58%	35.05%	20.54%	7.59%
	期权信息	42.05%	28.88%	15.48%	5.00%
港股	历史信息	15.00%	15.75%	15.90%	8.39%
	期权信息	17.20%	17.22%	14.50%	5.22%
美股	历史信息	8.16%	11.92%	14.81%	15.16%
	期权信息	10.17%	13.68%	16.05%	12.59%
A股	历史信息	15.32%	15.65%	15.32%	11.32%
	期权信息	13.33%	15.24%	14.75%	9.10%

表 5.4 的结果表明，当引入期权信息后，模型会降低高波动资产（如原油、A股）的配置比例，同时提高其他低波动资产的配置。这表明期权隐含波动率对未来波动率有着更好的预测效果，因此降低高波动资产的配置，从而将风险控制在合理的水平内。

因此，期权隐含波动率提高了风险等权模型和风险平价模型的样本外表现，还减小了投资组合的目标风险偏离。

5.3 期权银行预期收益率和 B-L 模型

一个典型的 M-V 模型框架依赖资产的期望收益和协方差矩阵来估计投资组合的权重。在 5.2 节中，我们将期权隐含方差引入协方差矩阵的估计中，在本节中，我们将尝试在投资组合模型中引入期权隐含收益。关于银行预期收益率的研究，目前是实证期权定价研究的热点。

在 B-S 模型中，期权价格公式中没有股票收益。传统的观点认为，我们不能从期权价格中推测出股票的预期收益。然而，Ross（2015）表明股票的预期收益可以从期权价格中推导出来。从期权价格出发，我们观察状态价格的分布。状态价格是风险规避程度（定价核）和物理概率分布的乘积，但是 Ross 提出的复原定理引起广泛的争议，参见 Borovička 等（2016）、Bakshi 等（2018）的研究。由于 Ross 的复原定理依赖于与直觉相反的强假设，即所有时间段拥有相同的价格和概率结构（时间齐次假设）。正如 Jensen 等（2019）提到的，Ross 假设期权未来一期的价格并不依赖标的资产的价格。这种假设在实证上并不成立。Jensen 等（2019）在不依赖时间齐次假设的情况下推广 Ross 的复原定理。当期权到期天数大于观察到的状态时，复原是可行的。从广义模型中可以推导出一个解析线性解。然而在实证检验中，其复原出来的预期收益率却对未来的收益率没有显著的预测能力。在接下来的行文里，我们把从期权中推导出股票的预期收益，称为"复原"收益。尽管推广后的复原定理存在一定的缺陷，但它可能会在其他方面提供一些启示。本书将复原后的期望收益纳入最优投资组合的构建，进一步来研究投资组合的管理问题。

复原定理的发展为我们提供从期权市场获得预期收益的机会。虽然有人质疑复原定理的稳健性和可靠性，但在投资组合管理中，期权隐含的收益率可以作为先验信息加入投资组合模型中。考虑到期权隐含收益的估计存在较大的误差，我们并未直接在 M-V 模型中引入期权隐含收益。B-L 模型在 M-V 模型的基础上可以加入投资者的观点，以减弱估计偏差对结果的影响，因此在业界被广为使用。由于期权隐含收益可以作为投资者的观点加入优化模型，自然地我们将复原定理与 B-L 模型结合起来。考虑到上证 50ETF 期权市场的时间较短，这一章我们仅选择美国上市交易的 ETF 进行投资组合管理，测试不同的数据集。投资组合的样本外结果显示，与传统的均值-方差投资组合或引入其他观点的 B-L 投资组合相比，夏普比率获得显著增加。实证结果表明，引入复原定理得到的期权隐含收益可以为投资组合管理提供新的洞见。

Markowitz（1952）提出经典的 M-V 模型，即当投资者只关心均值和方差时，该模型将财富分配给多个风险资产。然而，我们只能基于一个小样本来估计均值和方差，这可能会导致组合构建过程中极端权重的出现。Black 和 Litterman（1992）提出一种贝叶斯方法，将市场均衡与投资者的附加市场观点结合起来。自从引入 B-L 资产配置模型，它在产业界得到广泛的应用，在学术界也得到详细的讨论。这些观点可以是对股票未来走势的主观衡量，如分析师的观点（Fernandes et al., 2012）、基于波动率预测的观点（Duqi et al., 2014）。因此，根据复原定理推导出来的期权隐含收益可以看作 B-L 模型引入的投资者观点。B-L 模型通过贝叶斯方法将主观观点和市场均衡状态相结合，试图提升对资产收益预测的有效性，使得在平衡风险及收益的目标下，构建出的资产组合更为直观可靠。

本书的目的是结合 B-L 模型检验期权隐含收益的资产配置能力。为了衡量期权隐含收益作为观点的有效性，我们比较传统均值-方差投资组合和 $1/N$ 投资组合的样本外绩效（DeMiguel et al., 2009a）和其他引入 B-L 模型的投资者观点。在接下来的章节中，我们首先介绍复原定理的基本原理和实现过程，其次在多个数据集下比较投资组合模型的表现。

5.3.1 期权隐含预期收益

对于一个广义的资产定价模型，下列公式成立：

$$\pi_{ts}=p_{ts}m_{ts} \tag{5.10}$$

其中，π_{ts} 为状态 s 在时间 t 的价格；p_{ts} 为对应的物理概率；m_{ts} 为定价核。

Ross（2015）建立的复原定理建立在如下两个假设基础上。

（1）时间分离的效用函数，定价核可以被写成：

$$m_{ts} = \delta^t \frac{u^s}{u^1} \tag{5.11}$$

（2）物理概率是时间齐次的，即 $p_{t,t+\tau}^{i,j}$ 对于任何状态 i 和 j，任何时间间隔 τ 都不依赖于时间 t。

根据上述假设，我们可以把定价公式写成矩阵的形式：

$$\pi = DPH \tag{5.12}$$

如果复原定理成立,那我们可以得到概率矩阵 P:

$$P = D^{-1} \pi H^{-1} \tag{5.13}$$

如果我们把期权对应每个股票状态的收益率矩阵定义为 SR,那么股票的收益率矩阵就被解出:

$$R = SR \times P^{T} \tag{5.14}$$

由于 Ross 复原定理的假设太强,Jensen 等(2019)发展出广义复原定理。广义复原定理不依赖于 Ross 提出的第二个强假设,并且在两种情况下,复原是可行的:①当 $S \le T$ 时,其中 S 为状态价格的数量,T 为时间的数量。②对于一个大的状态空间集($S \gg T$),这和现实的情况类似,当定价核拥有 N 个参数时,如果 $N < T$,那么从期权中推测股票的预期收益也是可行的。在实际的应用中,我们可以把 t 时刻到期行权的期权价格作为 t 时刻观察到状态空间,t 时刻不同行权价期权的数量也被称为状态价格的数量。

他们假设两种定价核的形状:分段线性和多项式,这极大地简化了问题的求解,使得复原定理的结果更加可信。

上述给出复原定理的理论框架,在实证求解中,我们通常拥有一个很大的状态空间(即期权在某一时刻拥有很多行权价)。对于 T 个到期日,S 个状态对应的不同行权价,我们可以得到 Arrow-Debreu 价格。当定价核拥有的参数 N 小于到期日的数量 T,且定价核是有界的时,那么我们可以得到唯一解。

首先,我们参考 Jensen 等(2019)[①]的流程,基于 Jackwerth(2004)提出的快速和稳健(fast and stable)方法去计算风险中性概率分布。通过一个非参数的方法去拟合隐含波动率。这个方法拥有一个调节变量 λ,它可以帮助我们平衡函数的平滑度和对概率分布的拟合优度。目标函数是求解下述公式的最小值:

$$\min \frac{\Delta^4}{2(J+1)} \sum_{j=0}^{J} (\sigma_j'')^2 + \frac{\lambda}{2I} \sum_{i=0}^{I} (\sigma_i - \bar{\sigma}_i)^2 \tag{5.15}$$

其中,σ_j 为对应行权价 K_j 的隐含波动率;λ 为平衡平滑度和拟合优度的调节参数;σ_j'' 为隐含波动率对行权价的二阶导;σ_i 为隐含波动率;$\bar{\sigma}_i$ 为观测到的波动率。

在上述优化中,我们还引两个约束条件:一是估计的隐含波动率不产生负的风险中性分布;二是风险中性分布在 moneyness 介于 0.8~1.2 的条件下是单调的。同时,我们每次估计一个期权的到期日。

我们假定逆边际效用比率(即定价核)为一个简单的多元函数。假设初始状态 1,在时刻 0,面对 τ 时刻,在状态 s 下的逆边际效用比率有如下的形式:

[①] 感谢广义复原(Jensen et al., 2019)的作者 Christian Skov Jensen 提供的程序,得益于此,我们才能从期权价格中推导出隐含收益。

$$\left(h_s^\tau(\theta)\right)^{-1} = \beta_0 + \beta_1 r_s + \beta_2 r_s^2 + \beta_3 \tau r_s + \beta_4 \tau r_s^2 \qquad (5.16)$$

其次，我们求解上述多项式的最小化。最优求解之后，我们可以得到参数 $\theta = (\beta_0, \beta_1, \beta_2, \beta_3, \beta_4)$ 和 δ。同时，我们求出 t 时刻的物理概率分布（即现实世界中的分布）为

$$P_t = \delta^{-1} \Pi_t \left(h_s^\tau(\theta)\right)^{-1} \qquad (5.17)$$

在得到上述概率后，我们可以计算出期望收益和方差。由于 B-L 模型可以加入投资者的观点，我们以期望收益作为投资者观点加入进去。

在得到物理概率分布和对应的收益之后，我们计算资产的期望方差，但是我们并不知道资产间的联合概率分布，但仍然希望利用期望方差。我们采用一种混合的方法进行估计，首先计算出资产的历史相关系数 $\rho_{i,j}$，其次基于下面的公式计算两个资产的协方差。

$$\text{cov}(\text{asset}_i, \text{asset}_j) = \text{var}(\text{asset}_i) \text{var}(\text{asset}_j) \rho_{ij} \qquad (5.18)$$

协方差矩阵 Ω 就是基于资产 i 和资产 j 的 $\text{cov}(\text{asset}_i, \text{asset}_j)$ 进行构建的。

5.3.2　B-L 模型

对于一个均值方差投资者来说，他选择在不同的资产上分配权重。在每一个时间 t，投资者选择 x_t 去最大化期望效用：

$$\max x_t^T \mu_t - \frac{\gamma}{2} x_t^T \Sigma_t x_t \qquad (5.19)$$

在式 (5.19) 中，γ 可以理解成投资者的风险规避程度。如果上述目标函数没有约束的话，最优化的解可以表示为

$$x_t = \left(\frac{1}{\gamma} \sum_t^{-1} \mu\right) \qquad (5.20)$$

自然地，投资者 N 个资产分配的相对权重在时间 t 为

$$w_t = \frac{\sum_t^{-1} \mu_t}{1_N \sum_t^{-1} \mu_t} \qquad (5.21)$$

有大量的文献讨论如何更好地估计 μ_t 和 Σ_t。以 B-L 模型为例，投资者的观点可以加进投资组合里。B-L 模型以市场均衡假设为出发点。市场均衡指的是市场供给和需求之间达到平衡，在均衡市场机制下，资产价格会不间断地进行自发性调整，直到达到市场供求平衡状态为止。一旦有打破平衡的因素出现，市场会迅速作出调整，回归到均衡状态。在供求平衡状态下资产的预期收益率，被称为

市场均衡收益。在此状态下，资产的价格是市场合理定价的结果，投资者无须对证券市场中个别资产进行研究，按照各个资产在市场组合中所占的权重进行配置可得到有效投资组合。所有的投资者都持有市场组合 w_{eq}，然后我们可以得到市场均衡的风险溢价 Σ。假定投资者的风险规避程度为 δ，则均衡的风险溢价可以被表示为

$$\Pi = \delta \Sigma w_{eq} \quad (5.22)$$

贝叶斯先验条件可以被表示为 μ 以均值 Π 正态分布。

$$\mu = \Pi + \varepsilon^{(e)} \quad (5.23)$$

其中，$\varepsilon^{(e)}$ 为正态分布向量，均值为 0，协方差矩阵为 $\tau_1 \Sigma$，其中 τ_1 为 CAPM 的先验条件。在 CAPM 先验条件的基础上，投资者可以增加自己的观点在投资组合上。其中 K 为投资者观点的数量，P 为 $K \times N$ 矩阵，其中每一行为投资组合的权重，Q 为投资组合的 K 列行向量。

$$P' = (p_1, p_2, \cdots, p_K) \quad (5.24)$$

$$Q' = (q_1, q_2, \cdots, q_K) \quad (5.25)$$

投资者的观点可以被表示为

$$P\mu = Q + \varepsilon^{(v)} \quad (5.26)$$

其中，$\varepsilon^{(v)}$ 为不可观测的正态分布，均值为 0，协方差矩阵为 Ω。在实际操作中，Ω 通常包含市场协方差矩阵 Σ。一个方便的选择是 Ω 等于 $\tau_2 P \Sigma P'$，其中 τ_2 为投资者对自己观点的自信程度。B-L 模型进一步考虑融入投资者对市场的观点后资产预期收益率的条件分布。投资者观点可以分为绝对观点和相对观点，分别表示投资者对资产预期收益、资产间相对收益的评估。在这里期权隐含收益可以看作绝对观点。

根据以上的设定，期望收益可以被表示为

$$E(R) = \left[(\tau_1 \Sigma)^{-1} + P' \Omega^{-1} P \right]^{-1} \left[(\tau_1 \Sigma)^{-1} \Pi + P' \Omega^{-1} Q \right] \quad (5.27)$$

协方差矩阵可以被表示为

$$\Sigma_{BL} = \left((\tau_1 \Sigma)^{-1} + P' \Omega^{-1} P \right)^{-1} \quad (5.28)$$

和 M-V 模型一样，我们可以通过最大化效用函数的方式来求得最优的资产组合。我们在模型中参照惯例，参数设定如下：τ_1 等于 0.1，τ_2 等于 0.025，γ 等于 3。

B-L 模型以传统马科维茨 M-V 模型为基础，融入投资人对于市场的预测观点，对均衡市场假设下的资产收益率和波动率进行调整。该模型允许投资者对某些大类资产提出倾向性意见，然后根据投资者的意见对大类资产进行配置。投资者自身的投资经验及对市场信息的解读，可以提升资产配置的有效性。B-L 模型还能在

表达投资者观点的同时给出此观点的置信度。如果投资者对主观观点的信心水平较高，B-L 模型的预期收益率会向投资者的主观观点偏移；反之，则更倾向于接受隐含的市场均衡收益率。

5.3.3 模型设定和比较

除了期权隐含的收益外，我们也考虑文献中提到的其他可以加入 B-L 模型的"观点"。我们引入分析师观点进入 B-L 模型，分析师观点可以被简单表达为历史的平均收益。我们使用过去六个月的平均收益率作为分析师观点：

$$\text{RET}_{i,t} = \frac{1}{N} \sum_{j=t-N}^{t-1} R_{i,j} \quad (5.29)$$

其中，N 等于 6；$\text{RET}_{i,t}$ 为资产 i 在时间 t 的期望收益率；$R_{i,j}$ 为资产 i 在时间 j 的实际收益率。其次我们使用 EGARCH-M（1,1）（exponential GARCH-in-mean）模型：

$$y_t = x'_t \gamma + \delta \sigma_t^2 + \psi z_{1t} + \varepsilon_t \quad (5.30)$$

$$\log \sigma_t^2 = w + \beta \log \sigma_{t-1}^2 + \alpha \left| \frac{\varepsilon_t - 1}{\sigma_t - 1} \right| + \varphi z_{2t} \quad (5.31)$$

表 5.5 给出了我们使用的主要模型，通过和这些模型进行对比，我们可以准确地评估期权隐含收益对投资组合表现的影响。

表 5.5　本章研究的模型

编号	模型	模型缩写
1	1/N with rebalancing（Naive model）	1/N
2	Sample-based mean-variance with short sale constraints	MV-C
3	Black-Litterman model with recovery expected views	BL-C-option
4	Black-Litterman model with recovery expected views & views uncertainty	BL-C-option-omega
5	Black-Litterman model with analyst views	BL-C-analyst
6	Black-Litterman model with E-GARCH derived views	BL-C-EGARCH

5.3.4 投资组合表现

为了便于计算期权隐含收益，遵循 Kelly 等（2016）的方法，我们使用 Option Metrics 提供的波动率曲面。在每个数据集中，我们有 9 个到期日，但是我们只将到期日保留在 30~720 天。隐含波动率可以代入 Black-Scholes 模型，得到适合我们分析的期权价格。

为了公平地比较投资者观点在 B-L 模型中的表现,我们的测试基于三个数据集。第一个数据集包含 9 个行业 ETF,它们具有活跃的期权交易活动。数据涵盖 2006 年 1 月至 2017 年 12 月的期权月度数据。国际投资组合管理也是学术界和业界的关注重点,我们接下来选择在美国市场交易活跃的 12 个国家的 ETF。它们的交易日期从 2008 年 1 月至 2017 年 12 月。此外,多类别资产组合是投资者关注的另一个大问题。我们选择股票指数(包括标普 500 和纳斯达克 ETF)、债券(包括长期和短期债券 ETF)、大宗商品(包括原油、黄金和白银)。数据区间为 2009 年 1 月至 2017 年 12 月,表 5.6 汇报了投资标的信息。

表 5.6 投资标的信息

数据集	数量	样本区间	代码	标的名称
Sector ETFs	144	2006/01-2017/12	XLB	Materials Select Sector SPDR
Sector ETFs	144	2006/01-2017/12	XLE	Energy Select Sector SPDR
Sector ETFs	144	2006/01-2017/12	XLF	Financial Select Sector SPDR
Sector ETFs	144	2006/01-2017/12	XLI	Industrial Select Sector SPDR
Sector ETFs	144	2006/01-2017/12	XLK	Technology Select Sector SPDR
Sector ETFs	144	2006/01-2017/12	XLP	Consumer Staples Select Sector
Sector ETFs	144	2006/01-2017/12	XLU	Utilities Select Sector SPDR
Sector ETFs	144	2006/01-2017/12	XLV	Health Care Select Sector
Sector ETFs	144	2006/01-2017/12	XLY	Consumer Discretionary Select Sector
Country ETFs	120	2008/01-2017/12	EWW	iShares MSCI Mexico ETF
Country ETFs	120	2008/01-2017/12	EWN	iShares MSCI Netherlands ETF
Country ETFs	120	2008/01-2017/12	EWK	iShares MSCI Belgium ETF
Country ETFs	120	2008/01-2017/12	EWJ	iShares MSCI Japan ETF
Country ETFs	120	2008/01-2017/12	EWC	iShares MSCI Canada ETF
Country ETFs	120	2008/01-2017/12	EWH	iShares MSCI Hong Kong
Country ETFs	120	2008/01-2017/12	EWG	iShares MSCI Germany ETF
Country ETFs	120	2008/01-2017/12	EWU	iShares MSCI United Kingdom
Country ETFs	120	2008/01-2017/12	EWA	iShares MSCI Australia ETF
Country ETFs	120	2008/01-2017/12	EWQ	iShares MSCI France ETF
Country ETFs	120	2008/01-2017/12	EWS	iShares MSCI Singapore ETF
Country ETFs	120	2008/01-2017/12	EWI	iShares MSCI Italy ETF

续表

数据集	数量	样本区间	代码	标的名称
Multiple Assets	107	2009/01-2017/12	SPY	SPDR S&P 500 ETF
Multiple Assets	107	2009/01-2017/12	QQQ	PowerShares QQQ Trust
Multiple Assets	107	2009/01-2017/12	GLD	SPDR Gold Trust
Multiple Assets	107	2009/01-2017/12	USO	United States Oil Fund
Multiple Assets	107	2009/01-2017/12	SLV	iShares Silver Trust
Multiple Assets	107	2009/01-2017/12	TLT	iShares Barclays 20+ Yr Treas.Bond
Multiple Assets	107	2009/01-2017/12	IEF	iShares Barclays 7-10 Year Trasry Bnd Fd

注：以上数据均来自 WRDS 数据库，其中期权价格和标的资产价格数据来自 Option Metrics

我们的分析基于"滚动样本"方法，具体来说，给定一个 T 个月长的资产回报数据集，我们选择一个长度为 $M=60$ 个月的估计窗口。在每个月 t 中，从 $t=M+1$ 开始，我们使用前 M 个月的数据来估计投资组合所需的参数。当从投资组合优化过程中得到权重后，我们使用这些权重计算 $t+1$ 月的回报。这种滚动窗口方法的结果是由每个投资组合生成的一系列 $T-M$ 月度样本外回报。夏普比率可以表示为

$$\mathrm{SR}_k = \frac{\mu_k}{\sigma_k} \quad (5.32)$$

其中，μ_k 为样本外年化超额收益（扣除掉无风险收益）；σ_k 为组合的年化波动率。同时，我们还计算了组合的换手率，换手率采用如下的定义方式：

$$\text{Turnover} = \frac{1}{T-M} \sum_{t=1}^{T-M} \sum_{j=1}^{N} \left(\left| w_{k,j,t+1} - w_{k,j,t^+} \right| \right) \quad (5.33)$$

其中，$w_{k,j,t}$ 为资产 j 在时间 t、策略 k 下的组合权重；w_{k,j,t^+} 为在 $t+1$ 再平衡前的组合权重；$w_{k,j,t+1}$ 为再平衡后的目标权重。

表 5.7 显示了基于行业 ETF 的投资组合表现。在此期间，我们有 144 个再平衡的时间点。引入期权隐含收益的 BL 组合具有最高的年回报率，即 BL-C-option 组合具有 0.105 7 的年化收益率，而 BL-C-option-omega 具有 0.104 4 的年化收益率，但是这两个投资组合在我们所选择的时期内具有较大的最大回撤。作为常用的业绩评价指标，我们在表 5.7 中还报告了月度夏普比率。前述两个投资组合的夏普比率分别为 0.411 1 和 0.403 5，虽然不是最大的，但与 1/N 和 MV-C 组合相比，仍然是令人印象深刻的表现。在一定程度上，成交量影响交易成本，引入期权预期收益的 BL 组合具有较大的换手率，因此它们在再平衡日可能承担较大的交易成本。和引入其他观点的 B-L 模型相比，引入分析师观点的 BL-C-analyst 组合具有较小的年化收益率和夏普比率。从 EGARCH 模型导出的投资者预期收益来看，B-L 模

型的夏普比率最高，但是与其他投资组合相比，它的换手率最高，表明其承担了较高的交易成本。

表 5.7 基于行业 ETF 的投资组合表现

模型	数量/个	年化收益率	最大回撤	夏普比率	换手率
1/N	144	0.092 3	−0.535 2	0.411 1	0.022 1
MV-C	144	0.081 7	−0.550 2	0.363 6	0.226 3
BL-C-option	144	0.105 7	−0.541 4	0.411 1	0.458 3
BL-C-option-omega	144	0.104 4	−0.536 6	0.403 5	0.458 3
BL-C-analyst	144	0.090 9	−0.376 6	0.370 6	0.341 3
BL-C-EGARCH	144	0.093 7	−0.444 2	0.419 4	0.803 3

总的来说，包含期权隐含收益的 B-L 模型确实为投资组合管理提供新的启发。接下来，我们感兴趣的是，在什么市场情况下，不同的投资组合可能会有不同的表现。因此，我们检查历年投资组合以夏普比率衡量的业绩。表 5.8 汇报了基于行业 ETF 投资组合的每年表现。

表 5.8 基于行业 ETF 投资组合的每年表现

年份	1/N	MV-C	BL-C-option	BL-C-option-omega	BL-C-analyst	BL-C-EGARCH
2006	0.572 6	0.224 4	0.533 5	0.522 8	0.536 2	0.373 2
2007	0.373 9	0.518 7	0.468 6	0.479 8	0.365 5	0.323 6
2008	−0.238 5	−0.064 1	−0.263 3	−0.259 1	−0.160 0	−0.208 2
2009	0.438 7	0.330 5	0.456 5	0.455 2	0.436 8	0.374 3
2010	0.623 0	0.548 3	0.473 6	0.447 1	0.491 0	0.521 6
2011	0.175 0	0.512 7	0.495 9	0.481 1	0.482 9	0.514 6
2012	0.411 7	0.387 6	0.364 0	0.367 3	0.365 6	0.351 5
2013	0.880 8	0.886 8	0.836 3	0.815 3	0.879 0	0.864 6
2014	0.473 5	0.324 5	0.707 7	0.650 9	0.486 5	0.746 8
2015	0.144 4	0.344 9	0.164 9	0.168 2	0.082 9	0.423 7
2016	0.435 8	0.044 1	0.300 0	0.267 6	0.319 0	0.319 6
2017	0.976 9	0.501 8	0.769 6	0.829 3	0.522 0	0.782 4

2008 年全球金融危机期间，BL-C-option 组合表现不佳，夏普比率低于其他组合。在 2009 年，情况发生了变化，它的表现是最好的。由于 1/N 可以代表市场表现，我们发现，当市场具有较大的夏普比率时，如 2006 年、2010 年、2013 年和 2017 年的夏普比率超过 0.5，与 1/N 的表现相比，BL-C-option 可能是输家，但当 1/N 投资组合具有中等夏普比率时，该投资组合具有较大的夏普比率。在市场状况稳定的情况下，期权市场可以表现出更好的预测能力。当市场极度乐观或悲观时，期权市场的预测能力也会受到影响。

接下来，我们测试另一个数据集，主要包括在美国市场交易的国家 ETF。美国投资者对标的 ETF 的信息可能有限，因此我们很好奇，在 B-L 模型中，引入期权隐含收益是否是一个好的角度。表 5.9 汇报了投资组合模型的业绩。限于数据的可用性，数据集中只有 120 个月。

表 5.9 基于国家 ETF 资产配置的表现

模型	数量/个	年化收益率	最大回撤	夏普比率	换手率
1/N	120	0.021 2	−0.610 3	0.233 1	0.022 3
MV-C	120	0.022 7	−0.636 4	0.216 4	0.246 2
BL-C-option	120	0.015 8	−0.640 0	0.241 8	0.748 4
BL-C-option-omega	120	0.010 4	−0.643 4	0.235 2	0.812 8
BL-C-analyst	120	0.000 7	−0.602 9	0.206 9	0.304 1
BL-C-EGARCH	120	0.025 2	−0.610 1	0.229 3	0.765 5

在持有期间的年化收益率方面，包含期权信息的投资组合表现不佳，而与我们的基准 1/N 的 0.021 2 和 MV-C 的 0.022 7 相比，BL-C-option 和 BL-C-option-omega 分别为 0.015 8 和 0.010 4。对于最大回撤，所有 6 个投资组合都有类似的最大降幅。接下来，我们来看看夏普比率和换手率，尽管有期权信息的投资组合可能有更大的换手率，但 BL-C-option 和 BL-C-option-omega 组合对应的夏普比率分别为 0.241 8 和 0.235 2，这是所有投资组合中最好的。期权市场的观点确实有助于提高投资组合的绩效。

表 5.10 汇报了国家 ETF 投资组合在每个年度的表现。同样，在金融危机中，B-L 模型的表现也很差，夏普比率最低，但预期的反弹并没有在 2009 年出现。类似的情况发生在 2011 年和 2012 年。考虑到我们的数据集中有很多欧洲国家，欧债危机可能是造成这一现象的主要原因。两次危机后，来自期权市场的观点在投资组合中有着更好的表现。特别是 2014~2017 年，BL-C-option 和 BL-C-option-omega 在所有投资组合中的夏普比率表现最好，对于跨国投资组合管理而言，稳定的市

场预期有助于期权观点在投资组合管理中发挥更有力的作用。

表 5.10 基于国家 ETF 资产配置的表现

年份	1/N	MV-C	BL-C-option	BL-C-option-omega	BL-C-analyst	BL-C-EGARCH
2008	−0.337 3	−0.233 7	−0.337 1	−0.354 5	−0.352 6	−0.345 5
2009	0.437 3	0.449 6	0.356 7	0.331 3	0.312 2	0.376 6
2010	0.420 4	0.562 1	0.522 0	0.543 8	0.366 0	0.513 4
2011	−0.028 2	−0.113 4	−0.102 4	−0.141 3	−0.127 0	−0.016 8
2012	0.438 2	0.395 4	0.243 8	0.267 1	0.276 5	0.274 9
2013	0.417 0	0.177 0	0.324 2	0.308 9	0.417 3	0.401 5
2014	−0.059 8	0.025 4	0.060 2	0.049 7	0.053 8	0.029 8
2015	0.060 3	0.289 5	0.195 6	0.202 0	0.291 7	0.088 7
2016	0.117 8	0.011 2	0.205 1	0.209 6	0.014 9	0.018 1
2017	0.865 1	0.601 0	0.949 7	0.935 1	0.815 9	0.952 0

我们还对多重资产配置感兴趣，包括股权、债券和大宗商品。表 5.11 汇报了基于大类资产 ETF 资产配置的表现。不幸的是，无论是年化收益率、最大回撤还是夏普比率，引入期权信息的 B-L 模型均表现最差。特别是夏普比率，BL-C-option 和 BL-C-option-omega 分别对应于 0.328 9 和 0.253 9。表 5.12 汇报了大类资产 ETF 投资组合在每个年度的表现。当我们逐年检查投资组合的表现时，发现在 2009~2011 年，引入期权隐含信息的 BL 组合比其他组合有着更高的夏普比率，但是在后面的年份中却表现不佳。

表 5.11 基于大类资产 ETF 资产配置的表现

模型	数量	年化收益率	最大回撤	夏普比率	换手率
1/N	107	0.073 9	−0.211 7	0.262 9	0.036 7
MV-C	107	0.090 7	−0.219 9	0.446 8	0.174 0
BL-C-option	107	0.044 9	−0.346 4	0.328 9	0.285 4
BL-C-option-omega	107	0.026 3	−0.359 1	0.253 9	0.310 2
BL-C-analyst	107	0.083 9	−0.101 2	0.478 4	0.342 5
BL-C-EGARCH	107	0.080 2	−0.141 3	0.457 2	0.699 5

表 5.12　基于大类资产 ETF 资产配置的年度表现

年份	1/N	MV-C	BL-C-option	BL-C-option-omega	BL-C-analyst	BL-C-EGARCH
2009	0.437 3	0.245 9	0.318 2	0.287 2	0.199 5	0.161 7
2010	0.684 1	0.594 8	0.813 1	0.743 1	0.710 9	0.730 6
2011	0.389 4	0.387 1	0.547 3	0.528 1	0.454 1	0.454 2
2012	0.088 7	0.135 0	0.193 2	0.241 5	0.163 1	0.350 2
2013	0.080 4	0.037 2	−0.017 5	−0.214 7	0.507 8	−0.012 4
2014	0.178 9	0.740 8	0.523 1	0.637 7	0.781 6	0.556 2
2015	−0.351 3	0.340 0	−0.410 7	−0.511 4	0.173 0	0.244 1
2016	0.250 9	0.451 5	0.384 9	0.290 2	0.285 7	0.442 1
2017	0.622 1	1.072 0	0.607 8	0.285 8	1.006 7	1.163 6

为了进行稳健检验，我们排除投资组合构建中的权益资产（标普 500ETF 和纳斯达克 ETF），主要结论仍然成立。我们可以推测，在包含非股票的投资组合管理中，期权隐含收益的资产配置效果较差。

5.4　讨　　论

我们基于不同的数据集，检查期权隐含波动率和复原定理推导的期权隐含收益在资产配置模型中的表现。本章选择大类资产进行配置，测试在不同组合下投资组合的表现。实证结果表明期权隐含信息可以显著优化投资组合，但在不同的时间内，提升效果呈现出一定的差异。在不同的市场环境下，期权市场的信息质量可能存有较大差异。Kempf 等（2015）的研究表明在金融危机期间，期权市场汇集更多高质量信息。总的来说，基于期权隐含信息改进投资组合，将成为一个非常有潜力的研究方向。

我们依靠期权隐含波动率来替代历史波动率，可以显著改善风险模型的表现。传统的风险平价模型可以更好地分配未来的风险，获取风险溢价。目标风险模型则更好地控制了模型风险。引入期权隐含波动率，显著改善了风险模型的表现。

此外，我们首次提出一种结合期权隐含收益和 B-L 模型的投资组合构造方法。考虑到期权市场在复原定理下可以推导出期权隐含收益，本章首次将期权隐含收益引入 B-L 模型。与传统的 M-V 模型、1/N 组合和引入其他观点的 B-L 模型相比，我们的结果证明了期权隐含信息能够被应用到投资组合选择中。为得到稳健的结果，我们使用三个不同的数据集对样本外性能进行实证测试。在 B-L 模型中，股票型投资组合在波动率预期稳定的市场中具有较好的收益率。行业 ETF 和国家 ETF组合证明了上述结论。此外，引入期权预期收益的非股票投资组合与其他竞争性投资组合相比，在统计学上没有显著的夏普比率。

我们未来的研究将集中在寻找改进的复原定理实现方法上，这将进一步加强我们提出的投资组合框架。特别是在有关复原定理的文献中，新提出的提取期权隐含收益的方法可能有助于更好地构建投资组合。此外，鉴于复原定理应用研究的数量有限，对期权隐含信息进行评价比较也是另外一个值得研究的方向。

参 考 文 献

安江丽，张立超. 2016. 投资者情绪与股票收益——基于个人和机构投资者情绪的对比研究[J]. 金融发展研究，（8）：19-24.

部慧，汪寿阳. 2010. 商品期货及其组合通胀保护功能的实证分析[J]. 管理科学学报，13（9）：26-36，67.

巢文，邹辉文. 2017. 基于双指数跳跃扩散模型的长寿债券定价研究[J]. 中国管理科学，25（9）：46-52.

陈超，邹捷中，侯振挺. 2000. 利率服从跳—扩散过程的期权定价[J]. 数量经济技术经济研究，（11）：39-41.

陈国进，张贻军. 2009. 异质信念、卖空限制与我国股市的暴跌现象研究[J]. 金融研究，（4）：80-91.

陈浪南，孙坚强. 2010. 股票市场资产收益的跳跃行为研究[J]. 经济研究，45（4）：54-66.

陈蓉，方昆明. 2011. 波动率风险溢酬：时变特征及影响因素[J]. 系统工程理论与实践，31（4）：761-770.

陈蓉，廖木英，徐婉菁. 2016. 期权隐含偏度风险溢酬：来自中国台湾市场的证据[J]. 系统工程理论与实践，36（5）：1099-1108.

陈蓉，张不凡，姚育婷. 2019. 波动率风险和波动率风险溢酬：中国的独特现象[J]. 系统工程理论与实践，39（12）：2995-3010.

程志勇，郭精军，张亚芳. 2018. 次分数布朗运动下支付红利的欧式期权定价[J]. 应用概率统计，34（1）：37-48.

丛明舒. 2017. 模糊性、模糊厌恶与期权定价[J]. 金融学季刊，11（1）：46-72.

丛明舒. 2018. 中国场内期权市场研究——基于中美关于期权隐含方差的差异[J]. 金融研究，（12）：189-206.

房勇，汪寿阳. 2009. 基于模糊决策的投资组合优化[J]. 系统科学与数学，29（11）：1517-1526.

宫晓莉，熊熊，庄新田. 2018. 广义双指数分布的跳跃扩散模型下股指期货波动研究[J]. 管理科学，31（3）：149-159.

龚强，张一林，林毅夫. 2014. 产业结构、风险特性与最优金融结构[J]. 经济研究，49（4）：4-16.

郭范勇, 潘和平. 2019. 基于β系数优化的动态投资组合策略研究[J]. 中国管理科学, 27（7）: 1-10.

郭精军, 程志勇. 2018. 混合高斯模型下带红利的永久美式期权定价[J]. 应用数学, 31（2）: 250-256.

韩响楠, 何春雄. 2010. 带跳市场中亚式期权的价格下界[J]. 系统工程学报, 25（3）: 354-358.

何维达, 梁智昊, 李茜. 2014. 基于推广的最优停时理论的永久美式期权定价[J]. 系统工程, 32（9）: 54-60.

贺志芳, 杨鑫, 龚旭, 等. 2016. 股指期货市场波动率的预测研究[J]. 系统科学与数学, 36（8）: 1160-1174.

胡安幸, 戴亮. 2017. 夏普比率的有效性研究——基于我国开放式基金市场的数据[J]. 时代金融, （12）: 149-150, 160.

胡昌生, 程志富. 2019. 投资者情绪对上证50ETF隐含分布偏度影响的实证研究[J]. 数理统计与管理, 38（3）: 549-560.

胡昌生, 池阳春. 2013. 投资者情绪、资产估值与股票市场波动[J]. 金融研究, （10）: 181-193.

胡晔, 刘智超. 2015. 基于已实现和极差波动率标准的沪深300指数波动率模型研究[J]. 统计与决策, （6）: 166-169.

胡志军. 2016. 极端风险与横截面股票预期收益率——基于A股市场的实证研究[J]. 金融学季刊, 10（3）: 107-120.

黄文礼, 李胜宏. 2011. 分数布朗运动驱动下带比例交易成本的期权定价[J]. 高校应用数学学报A辑, 26（2）: 201-208.

黄薏舟, 郑振龙. 2009. 无模型隐含波动率及其所包含的信息: 基于恒生指数期权的经验分析[J]. 系统工程理论与实践, 29（11）: 46-59.

吉小东, 汪寿阳. 2005. 中国养老基金动态资产负债管理的优化模型与分析[J]. 系统工程理论与实践, 25（8）: 50-54.

姜富伟, 涂俊, Rapach D E, 等. 2011. 中国股票市场可预测性的实证研究[J]. 金融研究, （9）: 107-121.

孔文涛, 张卫国. 2012. 带跳市场中随机利率下的美式-亚式期权定价[J]. 系统工程学报, 27（3）: 338-343.

李爱忠, 彭月兰, 任若恩, 等. 2017. 不确定环境下的跳扩散连续时间资产配置策略[J]. 系统工程理论与实践, 37（12）: 3118-3126.

李红权, 马超群. 2004. 中国证券投资基金绩效评价的理论与实证研究[J]. 财经研究, （7）: 56-65.

李淼, 胡永宏. 2016. 基于可信性理论的Mean-CVaR投资组合优化[J]. 统计与信息论坛, 31（12）: 23-29.

李蒲江, 郭彦峰. 2017. 基于中国隐含波动率和方差溢价的实证研究[J]. 统计研究, 34（10）: 77-87.

李心愉，付丽莎. 2013. 基于 Black-Litterman 模型的保险资金动态资产配置模型研究[J]. 保险研究，（3）：24-38.

李仲飞，姚海祥. 2014. 不确定退出时间和随机市场环境下风险资产的动态投资组合选择[J]. 系统工程理论与实践，34（11）：2737-2747.

林鼎瀚，张敏敏，黄勍. 2019. 基于风险调整后收益的 A 股投资组合策略[J]. 福建工程学院学报，17（2）：154-159.

林汉燕. 2018. 分数布朗运动模型下美式两值期权的定价[J]. 数学的实践与认识，48（16）：291-296.

林焰，杨建辉. 2018. 考虑投资者情绪的 GARCH-改进神经网络期权定价模型[J]. 系统管理学报，27（5）：863-871，880.

刘坚，马超群. 2013. 随机利率下美式期权的 LSM 方法定价[J]. 系统工程，31（10）：10-14.

刘善存，宋殿宇，金华. 2011. 分数布朗运动下带违约风险的可转换债券定价[J]. 中国管理科学，19（6）：25-30.

刘杨树，郑振龙，张晓南. 2012. 风险中性高阶矩：特征、风险与应用[J]. 系统工程理论与实践，32（3）：647-655.

刘志新，牟旭涛. 2000. 投资组合最大损失最小化模型研究[J]. 系统工程理论与实践，（12）：22-25，96.

柳会珍，顾岚，胡啸兵. 2014. 极端波动、跳跃和尾部风险——基于已实现波动率的股票市场风险动态预测[J]. 数理统计与管理，33（1）：158-169.

陆源，朱邦毅. 2005. 基于半方差的投资项目风险度量模型研究[J]. 数量经济技术经济研究，（7）：90-95.

蒲冰远，唐应辉，袁勋. 2009. 连续支付红利及有交易成本的领子期权定价模型[J]. 数学的实践与认识，39（10）：37-41.

齐岳，林龙，王治皓. 2015. 大数据背景下遗传算法在投资组合优化中的效果研究[J]. 中国管理科学，23（S1）：464-469.

瞿慧，李洁，程昕. 2015. HAR 族模型与 GARCH 族模型对不同期限波动率的预测精度比较——基于沪深 300 指数高频价格的实证分析[J]. 系统工程，33（3）：32-37.

沙楠. 2017. 不确定性指标、方差风险溢价及其对股权溢价的预测效果分析——基于中美股票市场的分析[J]. 金融学季刊，11（4）：40-59.

宋斌，井帅. 2015. 美式巴黎期权的定价模型与数值方法[J]. 系统工程，33（2）：1-8.

宋健，邓雪. 2018. 基于 PSO-AFSA 混合算法的模糊投资组合问题的研究[J]. 运筹与管理，27（9）：148-155.

孙静，邱菀华. 2003. 基金绩效评估的新准则：推广的夏普准则[J]. 管理科学，（3）：39-42.

孙琳. 2009. 分数布朗运动下带交易费用的期权定价[J]. 系统工程，27（9）：36-40.

孙万贵. 2006. 不完全市场中动态资产分配[J]. 应用数学学报，（1）：166-174.

孙玉东, 师义民, 谭伟. 2012. 分数布朗运动环境下亚式期权定价的新方法[J]. 工程数学学报, 29（2）: 173-178.

谭华清, 赵学军, 黄一黎. 2018. 资产配置模型的选择: 回报、风险抑或二者兼具[J]. 统计研究, 35（7）: 62-76.

谭政勋, 张欠. 2016. 中国股票市场的长期记忆性与趋势预测研究[J]. 统计研究, 33（10）: 57-66.

唐勇, 朱鹏飞. 2018. 基于分形视角下的沪港股市投资组合策略[J]. 系统工程理论与实践, 38（9）: 2188-2201.

田凤平, 杨科, 林洪. 2014. 沪深300指数期货已实现波动率的跳跃行为[J]. 系统工程, 32（2）: 1-11.

王春峰, 姚宁, 房振明, 等. 2008. 中国股市已实现波动率的跳跃行为研究[J]. 系统工程, （2）: 1-6.

王佳, 金秀. 2015. 多阶段损失厌恶投资组合优化模型与实证研究[J]. 系统管理学报, 24（5）: 711-716, 726.

王佳, 金秀, 苑莹, 等. 2015. 基于动态参照点的损失厌恶投资组合优化模型[J]. 运筹与管理, 24（6）: 51-57.

王建稳, 王利伟. 2008. CEV下有交易费用的回望期权的定价研究[J]. 数理统计与管理, （3）: 515-519.

王鹏, 吴恒煜, 马俊伟. 2016. Lévy过程修正的非对称GARCH模型的美式权证LSM定价[J]. 系统工程, 34（6）: 50-56.

王秀国, 王义东. 2014. 基于随机基准的动态均值-方差投资组合选择[J]. 控制与决策, 29（3）: 499-505.

王延章, 蔡建波, 张茂军, 等. 2012. 基于下半方差的债券投资组合模型[J]. 系统工程, 30（4）: 32-38.

吴恒煜, 吴唤群. 2008. 具有价格随机波动率的新型期权定价[J]. 系统工程, （2）: 20-24.

吴鑫育, 周海林. 2014. 波动率风险溢价——基于VIX的实证[J]. 系统工程理论与实践, 34（S1）: 1-11.

肖炜麟, 张卫国, 徐维军. 2014. 次分数布朗运动下带交易费用的备兑权证定价[J]. 中国管理科学, 22（5）: 1-7.

肖宇谷, 吴峰, 李贞贞. 2016. 基于CVaR衍生的多期多面风险度量下的投资组合研究[J]. 运筹与管理, 25（6）: 137-138.

徐峰. 2017. 基于次分数布朗运动下广义交换期权的定价模型[J]. 数学理论与应用, 37（2）: 18-23.

徐漫, 马晓微, 胡泽元. 2016. 基于Black-Litterman法的我国养老金组合管理研究[J]. 财政研究, （4）: 71-81.

许云辉, 李仲飞. 2008. 基于收益序列相关的动态投资组合选择——动态均值-方差模型[J]. 系统工程理论与实践, （8）: 123-131.

闫海峰, 刘利敏, 杨建奇. 2009. 随机波动率模型的最小熵鞅测度和效用无差别定价[J]. 工程数学学报, 26（1）: 43-50.

杨爱军, 孟德锋. 2012. 考虑高阶矩的广义 Sharpe 比率影响的投资基金绩效评价[J]. 统计与决策, （20）: 156-160.

杨海军, 雷杨. 2008. 基于加权最小二乘拟蒙特卡罗的美式期权定价[J]. 系统工程学报, 23（5）: 532-538.

杨科, 陈浪南. 2013. 上证综指的已实现波动率预测模型[J]. 数理统计与管理, 32（1）: 165-179.

杨智元, 陈浪南. 2001. 基于跳跃过程的指数期权模型[J]. 经济研究, （2）: 61-66.

姚海祥, 姜灵敏, 马庆华. 2015. 不允许买空时的均值-下方风险投资组合选择——基于非参数估计方法[J]. 数理统计与管理, 34（6）: 1077-1086.

叶志强, 张顺明, 刘仕保. 2010. 我国企业债券市场与股票市场运行效率比较——基于夏普比率和 BDSS 模型的分析[J]. 系统工程, 28（12）: 45-51.

游翔宇, 程希骏, 马利军. 2017. 基于 pair-copula 情景生成和广义熵约束的 CVaR 投资组合模型研究[J]. 数学的实践与认识, 47（21）: 24-31.

于孝建, 王秀花, 徐维军. 2018. 基于滚动经济回撤约束和下半方差的最优投资组合策略[J]. 系统工程理论与实践, 38（3）: 545-555.

余湄, 高茜. 2014. 通货膨胀影响下的投资组合构建问题研究[J]. 中国管理科学, 22(S1): 382-388.

余湄, 黄晓薇, 皮道眾. 2014a. 夏普概率值：一种新的测度投资绩效的方法[J]. 数量经济技术经济研究, 31（11）: 132-145.

余湄, 汪寿阳. 2009. 一类投资组合选择的线性规划方法研究[J]. 系统科学与数学, 29（4）: 536-546.

余湄, 谢海滨, 高茜. 2014b. 国际投资中的汇率风险对冲问题研究[J]. 系统工程理论与实践, 34（S1）: 67-74.

余湄, 杨洋, 汪寿阳. 2010. 股票-债券投资模型实证研究[J]. 系统工程理论与实践, 30（7）: 1190-1199.

余湄, 周荣喜, 吴孟. 2013. 投资模型选择问题研究——理论模型及中国股票市场的投资实证研究[J]. 数量经济技术经济研究, 30（2）: 98-110.

余敏秀, 费为银, 吕会影. 2014. 模型不确定环境下最优动态投资组合问题的研究[J]. 中国科学技术大学学报, 44（3）: 194-202.

詹泽雄, 吴宗法, 程国雄. 2017. 基于动态非线性损失厌恶的投资组合优化与实证研究[J]. 运筹与管理, 26（10）: 137-147.

张翠娥, 徐云. 2012. 随机利率下服从分数 O-U 过程的二元期权定价[J]. 数学理论与应用, 32（1）: 27-31.

张冀, 谢远涛, 杨娟. 2016. 风险依赖—致性风险度量与投资组合——基于 Mean-Copula-CVaR 的投资组合研究[J]. 金融研究, （10）: 159-173.

张利花，许文坤，张卫国. 2010. 跳跃扩散模型下美式回望期权定价方法[J]. 系统工程，28（9）：1-6.
张利花，张卫国，许文坤. 2013. 美式障碍期权定价的总体最小二乘蒙特卡罗模拟方法[J]. 数理统计与管理，32（5）：923-930.
张霖. 2018. 带跳的非广延模型下均值方差投资组合选择问题[D]. 河南师范大学硕士学位论文.
张清叶，高岩. 2017. 基于CVaR投资组合优化问题的非光滑优化方法[J]. 中国管理科学，25（10）：11-19.
张曙光，袁水勇，王莉君. 2006. 随机利率下亚式期权的定价模型[J]. Applied Mathematics Journal of Chinese Universities（Series B），（2）：135-142.
张卫国，肖炜麟. 2013. 分数布朗运动下股本权证定价研究[M]. 北京：科学出版社.
张卫国，肖炜麟，徐维军，等. 2008. 跳跃分形过程下欧式汇率期权的定价[J]. 中国管理科学，（3）：57-61.
张卫国，肖炜麟，徐维军，等. 2009. 分数布朗运动下欧式汇率期权的定价[J]. 系统工程理论与实践，29（6）：68-76.
张卫国，肖炜麟，张惜丽. 2010. 分形布朗运动下最优投保和消费策略[J]. 管理科学学报，13（1）：78-84.
张新，杜书明. 2002. 中国证券投资基金能否战胜市场？[J]. 金融研究，（1）：1-22.
赵晶，张洋，丁志国. 2015. 利率期限结构特征的拟合与预测[J]. 统计研究，32（2）：83-89.
郑承利，韩立岩. 2004. 基于偏最小二乘回归的美式期权仿真定价方法[J]. 应用概率统计，（3）：295-300.
郑方镳，吴超鹏，吴世农. 2007. 股票成交量与收益率序列相关性研究——来自中国股市的实证证据[J]. 金融研究，（3）：140-150.
郑振龙. 2009. 金融资产价格的信息含量：金融研究的新视角[J]. 经济学家，（11）：69-78.
郑振龙，刘杨树. 2010. 衍生品定价：模型风险及其影响[J]. 金融研究，（2）：112-131.
郑振龙，秦明. 2018. 隐含波动率与实际波动率的关系：中美比较[J]. 管理科学，31（6）：58-73.
郑振龙，汤文玉. 2011. 波动率风险及风险价格——来自中国A股市场的证据[J]. 金融研究，（4）：143-157.
郑振龙，王磊. 2017. 汇率相关性预测的比较研究[J]. 金融研究，（5）：18-31.
郑振龙，郑国忠. 2017. 高阶矩风险溢酬：信息含量及影响因素[J]. 数理统计与管理，36（3）：550-570.
郑尊信，王华然，朱福敏. 2019. 基于Levy-GARCH模型的上证50ETF市场跳跃行为与波动特征研究[J]. 中国管理科学，27（2）：41-52.
周亮，李红权. 2019. 投资时钟原理及战术资产配置在投资组合管理中的应用——基于修正Black-Litterman模型[J]. 中央财经大学学报，（10）：92-105.
周艳丽，吴洋，葛翔宇. 2016. 一类高新技术企业专利权价值的实物期权评估方法——基于跳扩散过程和随机波动率的美式期权的建模与模拟[J]. 中国管理科学，24（6）：19-28.

周忠宝，刘佩，喻怀宁，等. 2015. 考虑交易成本的多阶段投资组合评价方法研究[J]. 中国管理科学，23（5）：1-6.

Adrian T, Rosenberg J. 2008. Stock returns and volatility: pricing the short-run and long-run components of market risk[J]. The Journal of Finance, 63（6）: 2997-3030.

Aït-Sahalia Y, Brandt M W. 2008. Consumption and portfolio choice with option-implied state prices（No. w13854）[R]. National Bureau of Economic Research.

Alexander C, Korovilas D, Kapraun J. 2016. Diversification with volatility products[J]. Journal of International Money and Finance, 65: 213-235.

Amaya D, Christoffersen P, Jacobs K, et al. 2015. Does realized skewness predict the cross-section of equity returns?[J]. Journal of Financial Economics, 118（1）: 135-167.

Amin K I, Bodurtha J N, Jr. 1995. Discrete-time valuation of American options with stochastic interest rates[J]. The Review of Financial Studies, 8（1）: 193-234.

Amin K I, Coval J D, Seyhun H N. 2004. Index option prices and stock market momentum[J]. The Journal of Business, 77（4）: 835-874.

Amin K I, Jarrow R A. 1992. Pricing options on risky assets in a stochastic interest rate economy[J]. Mathematical Finance, 2（4）: 217-237.

Ammann M, Moerke M. 2019. Credit variance risk premiums[R]. University of St. Gallen, School of Finance Research Paper.

Amster P, Averbuj C G, Mariani M C, et al. 2005. A Black-Scholes option pricing model with transaction costs[J]. Journal of Mathematical Analysis and Applications, 303（2）: 688-695.

Andersen T G, Bollerslev T, Diebold F X, et al. 2001. The distribution of realized stock return volatility[J]. Journal of Financial Economics, 61（1）: 43-76.

Ang A, Hodrick R J, Xing Y, et al. 2006. The cross-section of volatility and expected returns[J]. The Journal of Finance, 61（1）: 259-299.

Baele L, Driessen J, Ebert S, et al. 2019. Cumulative prospect theory, option returns, and the variance premium[J]. The Review of Financial Studies, 32（9）: 3667-3723.

Baele L, Driessen J, Londono J M, et al. 2014. Cumulative prospect theory and the variance premium[J]. SSRN Electronic Journal, 8（3）: 233-256.

Bai H, Zhang X, Zhou H. 2019. Option return predictability and variance risk premium[R]. SSRN Working Paper.

Baillie R T, Degennaro R P. 1990. Stock returns and volatility[J]. Journal of Financial and Quantitative Analysis, 25（2）: 203-214.

Baker S R, Bloom N, Davis S J. 2016. Measuring economic policy uncertainty[J]. The Quarterly Journal of Economics, 131（4）: 1593-1636.

Bakshi G S, Cao C, Chen Z. 1997. Empirical performance of alternative option pricing models[J]. The Journal of Finance, 52（5）: 2003-2049.

Bakshi G S, Carr P, Wu L. 2008. Stochastic risk premiums, stochastic skewness in currency options, and stochastic discount factors in international economies[J]. Journal of Financial Economics, 87（1）: 132-156.

Bakshi G S, Chabi-Yo F, Gao X. 2018. A recovery that we can trust? Deducing and testing the restrictions of the recovery theorem[J]. The Review of Financial Studies, 31（2）: 532-555.

Bakshi G S, Kapadia N. 2003. Delta-hedged gains and the negative market volatility risk premium[J]. The Review of Financial Studies, 16（2）: 527-566.

Bakshi G S, Kapadia N, Madan D. 2003. Stock return characteristics, skew laws, and the differential pricing of individual equity options[J]. The Review of Financial Studies, 16（1）: 101-143.

Bakshi G S, Madan D. 2000. Spanning and derivative-security valuation[J]. Journal of Financial Economics, 55（2）: 205-238.

Bali T G, Hovakimian A. 2009. Volatility spreads and expected stock returns[J]. Management Science, 55（11）: 1797-1812.

Bali T G, Zhou H. 2016. Risk, uncertainty, and expected returns[J]. Journal of Financial and Quantitative Analysis, 51（3）: 707-735.

Ball C A. 1994. Stochastic volatility option pricing[J]. Journal of Financial & Quantitative Analysis, 29（4）: 589-607.

Bandi F M, Russell J R. 2008. Microstructure noise, realized variance, and optimal sampling[J]. The Review of Economic Studies, 75（2）: 339-369.

Bansal R, Yaron A. 2004. Risks for the long run: a potential resolution of asset pricing puzzles[J]. The Journal of Finance, 59（4）: 1481-1509.

Barnea A, Hogan R. 2012. Quantifying the variance risk premium in VIX options[J]. The Journal of Portfolio Management, 38（3）: 143-148.

Barraquand J, Pudet T. 1996. Pricing of American path-dependent contingent claims[J]. Mathematical Finance, 6（1）: 17-51.

Bates D S. 1991. The crash of '87: was it expected? The evidence from options markets[J]. The Journal of Finance, 46（3）: 1009-1044.

Bates D S. 1996. Jumps and stochastic volatility: exchange rate processes implicit in deutsche mark options[J]. The Review of Financial Studies, 9（1）: 69-107.

Bawa V S. 1975. Optimal rules for ordering uncertain prospects[J]. Journal of Financial Economics, 2（1）: 95-121.

Bekaert G, Hoerova M. 2014. The VIX, the variance premium and stock market volatility[J]. Journal of Econometrics, 183（2）: 181-192.

Bernhard P. 2005. Robust control approach to option pricing, including transaction costs[C]// Advances in Dynamic Games: 391-416.

Bessler W, Opfer H, Wolff D. 2017. Multi-asset portfolio optimization and out-of-sample performance: an evaluation of Black-Litterman, mean-variance, and naïve diversification approaches[J]. The European Journal of Finance, 23 (1): 1-30.

Biger N, Hull J. 1983. The valuation of currency options[J]. Financial Management, 12 (1): 24-28.

Bilson J F O, Kang S B, Luo H. 2015. The term structure of implied dividend yields and expected returns[J]. Economics Letters, 128: 9-13.

Björk T, Hult H. 2005. A note on Wick products and the fractional Black-Scholes model[J]. Finance and Stochastics, 9 (2): 197-209.

Black F, Litterman R. 1992. Global portfolio optimization[J]. Financial Analysts Journal, 48 (5): 28-43.

Black F, Scholes M. 1973. The pricing of options and corporate liabilities[J]. Journal of Political Economy, 81 (3): 637-654.

Bollerslev T, Gibson M, Zhou H. 2011. Dynamic estimation of volatility risk premia and investor risk aversion from option-implied and realized volatilities[J]. Journal of Econometrics, 160 (1): 235-245.

Bollerslev T, Tauchen G, Zhou H. 2009. Expected stock returns and variance risk premia[J]. The Review of Financial Studies, 22 (11): 4463-4492.

Bollerslev T, Todorov V, Xu L, et al. 2015a. Tail risk premia and return predictability[J]. Journal of Financial Economics, 118 (1): 113-134.

Bollerslev T, Xu L, Zhou H. 2015b. Stock return and cash flow predictability: the role of volatility risk[J]. Journal of Econometrics, 187 (2): 458-471.

Borovička J, Hansen L P, Scheinkman J A. 2016. Misspecified recovery[J]. The Journal of Finance, 71 (6): 2493-2544.

Boyer B, Mitton T, Vorkink K. 2010. Expected idiosyncratic skewness[J]. Review of Financial Studies, 23 (1): 169-202.

Boyle P P, Broadie M, Glasserman P. 1997. Monte Carlo methods for security pricing[J]. Journal of Economic Dynamics & Control, 21 (8/9): 1267-1321.

Boyle P P, Lau S H. 1994. Bumping up against the barrier with the binomial method[J]. The Journal of Derivatives, 1 (4): 6-14.

Boyle P P, Vorst T. 1992. Option replication in discrete time with transaction costs[J]. The Journal of Finance, 47 (1): 271-293.

Brandt M W, Kang Q. 2002. On the relationship between the conditional mean and volatility of stock returns: a latent VAR approach[J]. Journal of Financial Economics, 72 (2): 217-257.

Brandt M W, Santa-Clara P, Valkanov R. 2009. Parametric portfolio policies: exploiting characteristics in the cross-section of equity returns[J]. The Review of Financial Studies, 22（9）: 3411-3447.

Breen R. 1991. The accelerated binomial option pricing model[J]. Journal of Financial and Quantitative Analysis, 26（2）: 153-164.

Britten-Jones M, Neuberger A. 2000. Option prices, implied price processes, and stochastic volatility[J]. The Journal of Finance, 55（2）: 839-866.

Brooks C, Kat H M. 2002. The statistical properties of hedge fund index returns and their implications for investors[J]. The Journal of Alternative Investments, 5（2）: 26-44.

Brown G W, Cliff M T. 2005. Investor sentiment and asset valuation[J]. The Journal of Business, 78（2）: 405-440.

Buraschi A, Jiltsov A. 2006. Model uncertainty and option markets with heterogeneous beliefs[J]. The Journal of Finance, 61（6）: 2841-2897.

Byrne P, Lee S. 2004. Different risk measures: different portfolio compositions?[J]. Journal of Property Investment & Finance, 22（6）: 501-511.

Cai N, Kou S G. 2011. Option pricing under a mixed-exponential jump diffusion model[J]. Management Science, 57（11）: 2067-2081.

Cai X, Teo K L, Yang X, et al. 2000. Portfolio optimization under a minimax rule[J]. Management Science, 46（7）: 957-972.

Campbell J Y, Thompson S B. 2008. Predicting excess stock returns out of sample: can anything beat the historical average?[J]. The Review of Financial Studies, 21（4）: 1509-1531.

Carhart M M. 1997. On persistence in mutual fund performance[J]. Journal of Finance, 52（1）: 57-82.

Carr P, Wu L. 2004. Time-changed lévy processes and option pricing[J]. Journal of Financial Economics, 71（1）: 113-141.

Carr P, Wu L. 2009. Variance risk premiums[J]. The Review of Financial Studies, 22（3）: 1311-1341.

Carr P, Wu L. 2016. Analyzing volatility risk and risk premium in option contracts: a new theory[J]. Journal of Financial Economics, 120（1）: 1-20.

Chalasani P, Jha S, Varikooty A. 1998. Accurate approximations for European-style Asian options[J]. Computational Finance, 1（4）: 23-54.

Chance D M, Hanson T A, Li W, et al. 2017. A bias in the volatility smile[J]. Review of Derivatives Research, 20（1）: 47-90.

Chang B Y, Christoffersen P, Jacobs K. 2013. Market skewness risk and the cross section of stock returns[J]. Journal of Financial Economics, 107（1）: 46-68.

Chang B Y, Christoffersen P, Jacobs K, et al. 2011. Option-implied measures of equity risk[J]. Review of Finance, 16（2）: 385-428.

Chen C, Lee H C, Liao T H. 2016. Risk-neutral skewness and market returns: the role of institutional investor sentiment in the futures market[J]. The North American Journal of Economics and Finance, 35: 203-225.

Chen X, Kim K A, Yao T, et al. 2010. On the predictability of Chinese stock returns[J]. Pacific-Basin Finance Journal, 18(4): 403-425.

Cheng P. 2001. Comparing downside-risk and mean-variance analysis using bootstrap simulation[J]. Journal of Real Estate Portfolio Management, 7(3): 225-238.

Cheridito P. 2001. Mixed fractional Brownian motion[J]. Bernoulli, 7(6): 913-934.

Chernov M, Ghysels E. 2000. A study towards a unified approach to the joint estimation of objective and risk neutral measures for the purpose of options valuation[J]. Journal of Financial Economics, 56(3): 407-458.

Chiras D P, Manaster S. 1978. The information content of option prices and a test of market efficiency[J]. Journal of Financial Economics, 6(2-3): 213-234.

Chopra V K, Ziemba W T. 1993. The effect of errors in means, variances, and covariances on optimal portfolio choice[J]. The Journal of Portfolio Management, 19(2): 6-11.

Christensen B J, Prabhala N R. 1998. The relation between implied and realized volatility[J]. Journal of Financial Economics, 50(2): 125-150.

Clark T E, West K D. 2007. Approximately normal tests for equal predictive accuracy in nested models[J]. Journal of Econometrics, 138(1): 291-311.

Company R, Jódar L, Pintos J R. 2009. A numerical method for European option pricing with transaction costs nonlinear equation[J]. Mathematical and Computer Modelling, 50(5): 910-920.

Conrad J, Dittmar R F, Ghysels E. 2013. Ex ante skewness and expected stock returns[J]. The Journal of Finance, 68(1): 85-124.

Corsi F, Fusari N, La Vecchia D. 2013. Realizing smiles: options pricing with realized volatility[J]. Journal of Financial Economics, 107(2): 284-304.

Corte P D, Ramadorai T, Sarno L, et al. 2016. Volatility risk premia and exchange rate predictability[J]. Journal of Financial Economics, 120(1): 21-40.

Cox J C, Ross S A. 1976. The valuation of options for alternative stochastic processes[J]. Journal of Financial Economics, 3(1-2): 145-166.

Cox J C, Ross S A, Rubinstein M. 1979. Option pricing: a simplified approach[J]. Journal of Financial Economics, 7(3): 229-263.

Cremers M, Halling M, Weinbaum D. 2015. Aggregate jump and volatility risk in the cross-section of stock returns[J]. The Journal of Finance, 70(2): 577-614.

Cremers M, Weinbaum D. 2010. Deviations from put-call parity and stock return predictability[J]. Journal of Financial and Quantitative Analysis, 45(2): 335-367.

Cuesdeanu H, Jackwerth J C. 2018. The pricing kernel puzzle in forward looking data[J]. Review of Derivatives Research, 21(3): 253-276.

Cui Z Y, Lee C, Liu Y. 2018. Single-transform formulas for pricing Asian options in a general approximation framework under Markov processes[J]. European Journal of Operational Research, 266(3): 1134-1149.

Dacunto F, Prabhala N, Rossi A G, et al. 2019. The promises and pitfalls of robo-advising[J]. The Review of Financial Studies, 32(5): 1983-2020.

Dan G. 1977. Tests of market efficiency of the Chicago Board Options Exchange[J]. Journal of Business, 50(2): 167-197.

Davis M H, Panas V G, Zariphopoulou T. 1993. European option pricing with transaction costs[J]. SIAM Journal on Control and Optimization, 31(2): 470-493.

DeMiguel V, Garlappi L, Nogales F J, et al. 2009b. A generalized approach to portfolio optimization: improving performance by constraining portfolio norms[J]. Management Science, 55(5): 798-812.

DeMiguel V, Garlappi L, Uppal R. 2009a. Optimal versus naive diversification: how inefficient is the 1/N portfolio strategy?[J]. The Review of Financial Studies, 22(5): 1915-1953.

DeMiguel V, Nogales F J. 2009. Portfolio selection with robust estimation[J]. Operations Research, 57(3): 560-577.

DeMiguel V, Plyakha Y, Uppal R, et al. 2013. Improving portfolio selection using option-implied volatility and skewness[J]. Journal of Financial and Quantitative Analysis, 48(6): 1813-1845.

Dennis P, Mayhew S. 2002. Risk-neutral skewness: evidence from stock options[J]. Journal of Financial and Quantitative Analysis, 37(3): 471-493.

Dennis P, Mayhew S. 2009. Microstructural biases in empirical tests of option pricing models[J]. Review of Derivatives Research, 12(3): 169-191.

Dennis P, Mayhew S, Stivers C. 2006. Stock returns, implied volatility innovations, and the asymmetric volatility phenomenon[J]. Journal of Financial and Quantitative Analysis, 41(2): 381-406.

de Prado M M L, Peijan A. 2004. Measuring loss potential of hedge fund strategies[J]. The Journal of Alternative Investments, 7(1): 7-31.

Detzel A, Liu H, Strauss J, et al. 2020. Learning and predictability via technical analysis: evidence from bitcoin and stocks with hard-to-value fundamentals[J]. Financial Management, 50(1): 107-137.

Dew-Becker I, Giglio S, Le A, et al. 2016. The price of variance risk[J]. Journal of Financial Economics, 123(2): 225-250.

Dittmar R F. 2002. Nonlinear pricing kernels, kurtosis preference, and evidence from the cross section of equity returns[J]. The Journal of Finance, 57(1): 369-403.

Drechsler I, Yaron A. 2011. What's vol got to do with it[J]. Review of Financial Studies, 24(1): 1-45.

Driessen J, Maenhout P J, Vilkov G. 2009. The price of correlation risk: evidence from equity options[J]. Journal of Finance, 64(3): 1377-1406.

Duan J C, Dudley E, Gauthier G, et al. 2003. Pricing discretely monitored barrier options by a Markov chain[J]. Social Science Electronic Publishing, 10(4): 1-39.

Duan J C, Yeh C Y. 2010. Jump and volatility risk premiums implied by VIX[J]. Journal of Economic Dynamics and Control, 34(11): 2232-2244.

Duffie D, Pan J, Singleton K. 2000. Transform analysis and asset pricing for affine jump-diffusions[J]. Econometrica, 68(6): 1343-1376.

Duncan T E, Pasik-Duncan B, Hu Y Z. 2000. Stochastic calculus for fractional Brownian motion I. Theory[J]. SIAM Journal on Control and Optimization, 38(2): 582-612.

Dupire B. 1994. Pricing with a smile[J]. Risk, 7(1): 18-20.

Duqi A, Franci L, Torluccio G, et al. 2014. The Black-Litterman model: the definition of views based on volatility forecasts[J]. Applied Financial Economics, 24(19): 1285-1296.

Edirisinghe C, Naik V, Uppal R. 1993. Optimal replication of options with transactions costs and trading restrictions[J]. Journal of Financial and Quantitative Analysis, 28(1): 117-138.

Elliott R J, Chen Z, Duan Q. 2009. Insurance claims modulated by a hidden Brownian marked point process[J]. Insurance: Mathematics and Economics, 45(2): 163-172.

Elliott R J, van der Hoek J. 2008. Duality methods[C]//Carmona R. Indifference Pricing. Princeton: Princeton University Press: 321-386.

Elton E J, Gruber M J. 1974. The multi-period consumption investment problem and single period analysis[J]. Oxford Economic Papers, 26(2): 289-301.

Embrechts P, Maejima M. 2000. An introduction to the theory of self-similar stochastic processes[J]. International Journal of Modern Physics B, 14(12n13): 1399-1420.

Eraker B, Wang J. 2015. A non-linear dynamic model of the variance risk premium[J]. Journal of Econometrics, 187(2): 547-556.

Fabozzi F J, Focardi S M, Kolm P N. 2006. Incorporating trading strategies in the Black-Litterman framework[J]. The Journal of Trading, 1(2): 28-37.

Fajardo J, Mordecki E. 2014. Skewness premium with Lévy processes[J]. Quantitative Finance, 14(9): 1619-1626.

Fama E F, French K R. 1992. The cross-section of expected stock returns[J]. Journal of Finance, 47(2): 427-465.

Fama E F, French K R. 2016. Dissecting anomalies with a five-factor model[J]. The Review of Financial Studies, 29 (1): 69-103.

Fang F, Oosterlee C W. 2009. A novel pricing method for European options based on Fourier-cosine series expansions[J]. SIAM Journal on Scientific Computing, 31 (2): 826-848.

Fei L Y, Yang H. 2009. Option pricing with regime switching by trinomial tree method[J]. Journal of Computational & Applied Mathematics, 233 (8): 1821-1833.

Feng L, Linetsky V. 2008. Pricing discretely monitored barrier options and defaultable bonds in Lévy process models: a fast hilbert transform approach[J]. Mathematical Finance, 18 (3): 337-384.

Fernandes J L B, Ornelas J R H, Cusicanqui O A M. 2012. Combining equilibrium, resampling, and analyst's views in portfolio optimization[J]. Journal of Banking and Finance, 36(5): 1354-1361.

Feunou B, Jahan-Parvar M R, Okou C, et al. 2018. Downside variance risk premium[J]. Journal of Financial Econometrics, 16 (3): 341-383.

Fischer B, Robert L. 1992. Global portfolio optimization[J]. Financial Analysts Journal, 48(5): 28-43.

Florescu I, Mariani M C, Sengupta I. 2014. Option pricing with transaction costs and stochastic volatility[J]. Electronic Journal of Differential Equations, (165): 1-19.

Föllmer H, Schied A. 2002. Convex measures of risk and trading constraints[J]. Finance and Stochastics, 6 (4): 429-447.

French K R, Schwert G W, Stambaugh R F. 1987. Expected stock returns and volatility[J]. Journal of Financial Economics, 19 (1): 3-29.

Fu M C, Li B, Li G, et al. 2017. Option pricing for a jump-diffusion model with general discrete jump-size distributions[J]. Management Science, 63 (11): 3961-3977.

Fusai G, Meucci A. 2008. Pricing discretely monitored Asian options under Lévy processes[J]. Journal of Banking & Finance, 32 (10): 2076-2088.

Gao B, Huang J, Subrahmanyam M. 2000. The valuation of American barrier options using the decomposition technique[J]. Journal of Theoretical and Applied Finance, 24 (11): 1783-1827.

Garleanu N, Pedersen L H, Poteshman A M. 2009. Demand-based option pricing[J]. The Review of Financial Studies, 22 (10): 4259-4299.

Gaudenzi M, Zanette A, Lepellere M A. 2010. The singular points binomial method for pricing American path-dependent options[J]. Journal of Computational Finance, 14 (1): 29-56.

Ge L, Lin T C, Pearson N D. 2016. Why does the option to stock volume ratio predict stock returns?[J]. Journal of Financial Economics, 120 (3): 601-622.

Ge W. 2016. A survey of three derivative-based methods to harvest the volatility premium in equity markets[J]. The Journal of Investing, 25 (3): 48-58.

Ge W. 2017. Stress-testing volatility risk premium harvesting strategies based on S&P 500 index options[J]. The Journal of Index Investing, 8 (1): 37-46.

Ghysels E, Santa-Clara P, Valkanov R. 2004. There is a risk-return trade-off after all[J]. Journal of Financial Economics, 76 (3): 509-548.

González-Urteaga A, Rubio G. 2016. The cross-sectional variation of volatility risk premia[J]. Journal of Financial Economics, 119 (2): 353-370.

Grabbe J O. 1983. The pricing of call and put options on foreign exchange[J]. Journal of International Money & Finance, 2 (3): 239-253.

Grünbichler A, Longstaff F A. 1996. Valuing futures and options on volatility[J]. Social Science Electronic Publishing, 20 (6): 985-1001.

Gu H, Liang J R, Zhang Y X. 2012. Time-changed geometric fractional Brownian motion and option pricing with transaction costs[J]. Physica A: Statistical Mechanics and Its Applications, 391(15): 3971-3977.

Guo H, Whitelaw R F. 2006. Uncovering the risk-return relation in the stock market[J]. The Journal of Finance, 61 (3): 1433-1463.

Haesen D, Hallerbach W G, Markwat T, et al. 2017. Enhancing risk parity by including views[J]. The Journal of Investing, 26 (4): 53-68.

Hallerbach W G. 2015. Advances in portfolio risk control[C]//Jurczenko E. Risk-Based and Factor Investing. Amsterdam: Elsevier: 1-30.

Hamilton J D, Wu J C. 2014. Risk premia in crude oil futures prices[J]. Journal of International Money and Finance, 42: 9-37.

Han B, Li G. 2020. Information content of aggregate implied volatility spread[J]. Management Science, 67 (2): 1249-1269.

Han B, Zhou Y. 2012. Variance risk premium and cross-section of stock returns[R]. Unpublished Paper, University of Texas at Austin.

Hansen P R, Huang Z, Shek H H. 2012. Realized GARCH: a joint model for returns and realized measures of volatility[J]. Journal of Applied Econometrics, 27 (6): 877-906.

Hansen P R, Lunde A. 2005. A forecast comparison of volatility models: does anything beat a GARCH(1,1)?[J]. Journal of Applied Econometrics, 20 (7): 873-889.

Harris R D, Stoja E, Tan L. 2017. The dynamic Black-Litterman approach to asset allocation[J]. European Journal of Operational Research, 259 (3): 1085-1096.

Harvey C R, Siddique A. 2000. Conditional skewness in asset pricing tests[J]. The Journal of finance, 55 (3): 1263-1295.

Hentschel L. 1995. All in the family nesting symmetric and asymmetric GARCH models[J]. Journal of Financial Economics, 39 (1): 71-104.

Herold U, Maurer R, Purschaker N. 2005. Total return fixed-income portfolio management[J]. The Journal of Portfolio Management, 31 (3): 32-43.

Heston S L. 1993. A closed-form solution for options with stochastic volatility with applications to bond and currency options[J]. The Review of Financial Studies, 6（2）: 327-343.

Heston S L, Nandi S. 2000. A closed-form GARCH option valuation model[J]. Review of Financial Studies, 13（3）: 585-625.

Heynen R, Kemna A, Vorst T. 1994. Analysis of the term structure of implied volatilities[J]. Journal of Financial & Quantitative Analysis, 29（1）: 31-56.

Hilliard J E, Schwartz A. 1997. Pricing options on traded assets under stochastic interest rates and volatility: a binomial approach[J]. Journal of Financial Engineering, 6: 281-306.

Hodrick R J. 1992. Dividend yields and expected stock returns: alternative procedures for inference and measurement[J]. The Review of Financial Studies, 5（3）: 357-386.

Hoggard T, Wilmott P, Hoggard T, et al. 1994. Hedging option portfolios in the presence of transaction costs[J]. Advances in Futures and Options Research, 7: 21-35.

Hou K, Qiao F, Zhang X Y. 2019. Finding anomalies in China[R]. Working Paper.

Hu J. 2014. Does option trading convey stock price information?[J]. Journal of Financial Economics, 111（3）: 625-645.

Hu Y, Øksendal B. 2003. Fractional white noise calculus and applications to finance[J]. Infinite Dimensional Analysis, Quantum Probability and Related Topics, 6（1）: 1-32.

Huang D, Schlag C, Shaliastovich I, et al. 2019. Volatility-of-volatility risk[J]. Journal of Financial and Quantitative Analysis, 54（6）: 2423-2452.

Huang X, Liu J, Zhang X, et al. 2020. Volatility premium and term structure of China blue-chip index options[J]. Emerging Markets Finance and Trade, 56（3）: 527-542.

Huang Y F, Luo S. 2020. Can stock volatility be benign?New measurements and macroeconomic implications[J]. Journal of Money, Credit and Banking, 52（4）: 933-950.

Huang Z, Tong C, Wang T. 2020. Which volatility model for option valuation in China?Empirical evidence from SSE 50 ETF options[J]. Applied Economics, 52（17）: 1866-1880.

Hull J, White A. 1987. The pricing of options on assets with stochastic volatilities[J]. The Journal of Finance, 42: 281-300.

Ingersoll J, Spiegel M, Goetzmann W, et al. 2007. Portfolio performance manipulation and manipulation-proof performance measures[J]. The Review of Financial Studies, 20（5）: 1503-1546.

Jackwerth J C. 2004. Option-implied Risk-neutral Distributions and Risk Aversion[M]. Charlotteville: CFA Institute Research Foundation of AIMR Publications.

Jackwerth J C, Menner M. 2020. Does the ross recovery theorem work empirically[J]. Journal of Financial Economics, 137（3）: 723-739.

Jacobs B I, Levy K N. 2010. Reflections on portfolio insurance, portfolio theory, and market simulation with harry Markowitz[C]//Guerard J B, Jr. Handbook of Portfolio Construction. Boston: Springer: 529-550.

Jarrow R A, Rosenfeld E R. 1984. Jump risks and the intertemporal capital asset pricing model[J]. Journal of Business, 57(3): 337-351.

Jensen C S, Lando D, Pedersen L H. 2019. Generalized recovery[J]. Journal of Financial Economics, 133(1): 154-174.

Jeong D, Yoo M, Yoo C, et al. 2019. A hybrid Monte Carlo and finite difference method for option pricing[J]. Computational Economics, 53(1): 111-124.

Jiang G J, Tian Y S. 2005. The model-free implied volatility and its information content[J]. The Review of Financial Studies, 18(4): 1305-1342.

Jiang G J, Tian Y S. 2007. Extracting model-free volatility from option prices: an examination of the VIX index[J]. The Journal of Derivatives, 14(3): 35-60.

Johnson T L, So E C. 2012. The option to stock volume ratio and future returns[J]. Journal of Financial Economics, 106(2): 262-286.

Jones R C, Lim T, Zangari P J. 2007. The Black-Litterman model for structured equity portfolios[J]. The Journal of Portfolio Management, 33(2): 24-33.

José L B F, José R H O, Oscar A M C. 2012. Combining equilibrium, resampling, and analyst's views in portfolio optimization[J]. Journal of Banking & Finance, 36(5): 1330-1361.

Kabanov Y M, Safarian M M. 1997. On Leland's strategy of option pricing with transaction costs[J]. Finance & Stochastics, 1(3): 239-250.

Kallsen J, Muhle-Karbe J. 2015. Option pricing and hedging with small transaction costs[J]. Mathematical Finance, 25(4): 702-723.

Kang Z, Li X, Li Z, et al. 2019. Data-driven robust mean-CVaR portfolio selection under distribution ambiguity[J]. Quantitative Finance, 19(1): 105-121.

Kao E P C, Wang M W. 2018. Finite element method for pricing swing options under stochastic volatility[J]. Journal of Accounting and Finance, 18(3): 26-45.

Kapadia N. 2006. The next Microsoft? Skewness, idiosyncratic volatility, and expected returns[Z].

Kelly B T, Lustig H, van Nieuwerburgh S. 2016. Too-systemic-to-fail: what option markets imply about sector-wide government guarantees[J]. The American Economic Review, 106(6): 1278-1319.

Kelly B T, Pruitt S. 2013. Market expectations in the cross section of present values[J]. The Journal of Finance, 68(5): 1721-1756.

Kempf A, Korn O, Saßning S. 2015. Portfolio optimization using forward-looking information[J]. Review of Finance, 19(1): 467-490.

Kilic M, Shaliastovich I. 2019. Good and bad variance premia and expected returns[J]. Management Science, 65 (6): 2522-2544.

Kirkby J L. 2017. Robust barrier option pricing by frame projection under exponential Lévy dynamics[J]. Applied Mathematical Finance, 25 (4): 337-386.

Klassen T R. 2001. Simple, fast, and flexible pricing of Asian options[J]. Computational Finance, 4 (3): 89-124.

Konno H, Shirakawa H. 1994. Equilibrium relations in a capital asset market: a mean absolute deviation approach[J]. Financial Engineering and the Japanese Markets, 1 (1): 21-35.

Konno H, Yamazaki H. 1991. Mean-absolute deviation portfolio optimization model and its applications to Tokyo stock market[J]. Management Science, 37 (5): 519-531.

Kostakis A, Panigirtzoglou N, Skiadopoulos G. 2011. Market timing with option-implied distributions: a forward-looking approach[J]. Management Science, 57 (7): 1231-1249.

Kozhan R, Neuberger A, Schneider P. 2013. The skew risk premium in the equity index market[J]. The Review of Financial Studies, 26 (9): 2174-2203.

Kraus A, Litzenberger R H. 1976. Skewness preference and the valuation of risk assets[J]. The Journal of Finance, 31 (4): 1085-1100.

Kumar A. 2009. Who gambles in the stock market? [J]. The Journal of Finance, 64 (4): 1889-1933.

Kwon Y H, Lee Y. 2011. A second-order finite difference method for option pricing under jump-diffusion models[J]. SIAM Journal on Numerical Analysis, 49 (51): 2598-2617.

Lam R, Lee I. 2009. Balancing the dual functions of portfolio assessment[J]. ELT Journal, 64 (1): 54-64.

Langlois H. 2020. Measuring skewness premia[J]. Journal of Financial Economics, 135(2): 399-424.

Latane H A, Rendleman R J. 1976. Standard deviations of stock price ratios implied in option prices[J]. The Journal of Finance, 31 (2): 369-381.

Leland H E. 1985. Option pricing and replication with transactions costs[J]. Journal of Finance, 40 (5): 1283-1301.

Leland H E. 2007. Comments on hedging errors with Leland's option model in the presence of transactions costs[J]. Finance Research Letters, 4 (3): 200-202.

Lewis A L. 2001. A simple option formula for general jump-diffusion and other exponential Lévy processes[J]. Related Articles, 67 (7): 78-98.

Li C. 2004. The skewness premium and the asymmetric volatility puzzle[Z]. Available at SSRN 556228.

Li D, Ng W L. 2000. Optimal dynamic portfolio selection: multiperiod mean-variance formulation[J]. Mathematical Finance, 10 (3): 387-406.

Li J, Yu X, Luo X. 2019. Volatility index and the return-volatility relation: intraday evidence from Chinese options market[J]. Journal of Futures Markets, 39(11): 1348-1359.

Li L, Linetsky V. 2015. Discretely monitored first passage problems and barrier options: an eigenfunction expansion approach[J]. Finance & Stochastics, 19(4): 941-977.

Li Y, Li X. 2013. Entropy binomial tree model for option pricing[J]. Applied Mathematics & Information Sciences, 7(1): 151-159.

Liu D, Qiu Q, Hughen J C, et al. 2019. Price discovery in the price disagreement between equity and option markets: evidence from SSE ETF50 options of China[J]. International Review of Economics & Finance, 64(C): 557-571.

Llemit D G, Escaner J M L I. 2012. Asymptotic expansion for the price of a UIP barrier option in a binomial tree model[J]. Applied Mathematical Sciences, 6(104): 5197-5205.

Londono J M, Zhou H. 2017. Variance risk premiums and the forward premium puzzle[J]. Journal of Finicial Economics, 124(2): 415-440.

Lynch A W, Wachter J A. 2013. Using samples of unequal length in generalized method of moments estimation[J]. Journal of Financial and Quantitative Analysis, 48(1): 277-307.

Macbeth J D, Merville L J. 1979. An empirical examination of the Black-Scholes call option pricing model[J]. Journal of Finance, 34(5): 1173-1186.

Mahdavi M. 2004. Risk-adjusted return when returns are not normally distributed: adjusted Sharpe ratio[J]. The Journal of Alternative Investments, 6(4): 47-57.

Maheu J M, McCurdy T H. 2004. News arrival, jump dynamics, and volatility components for individual stock returns[J]. The Journal of Finance, 59(2): 755-793.

Mandelbrot B. 1997. The variation of certain speculative prices[C]//Mandelbrot B. Fractals and Scaling in Finance. New York: Springer: 371-418.

Markowitz H. 1952. Portfolio selection[J]. The Journal of Finance, 7(1): 77-91.

Mensi W, Tiwari A K, Al-Yahyaee K H. 2019. An analysis of the weak form efficiency, multifractality and long memory of global, regional and European stock markets[J]. The Quarterly Review of Economics and Finance, 72: 168-177.

Merton R C. 1971. Optimum consumption and portfolio rules in a continuous-time model[J]. Journal of Economic Theory, 3(4): 373-413.

Merton R C. 1973. An intertemporal capital asset pricing model[J]. Econometrica, 41(5): 867-887.

Merton R C. 1975. Optimum consumption and portfolio rules in a continuous-time model[C]//Ziemba W T, Vickson R G. Stochastic Optimization Models in Finance. London: Academic Press: 621-661.

Merton R C. 1976. Option pricing when underlying stock returns are discontinuous[J]. Journal of Financial Economics, 3(1-2): 125-144.

Monoyios M. 2004. Performance of utility-based strategies for hedging basis risk[J]. Quantitative Finance, 4（3）: 245-255.

Morey M R, Vinod H D. 2001. A double Sharpe ratio[J]. Advances in Investment Analysis and Portfolio Management, 8: 57-65.

Muravyev D, Pearson N D, Pollet J M. 2016. Is there a risk premium in the stock lending market? Evidence from equity options[C]//27th Annual Conference on Financial Economics and Accounting Paper.

Najafi A R, Mehrdoust F, Shirinpour S. 2018. Pricing American put option on zero-coupon bond under fractional CIR model with transaction cost[J]. Communications in Statistics-Simulation and Computation, 47（3）: 864-870.

Necula C. 2008. Option pricing in a fractional Brownian motion environment（No. 2）[R]. Bucharest University of Economics, Center for Advanced Research in Finance and Banking-CARFIB.

Neuberger A. 2012. Realized skewness[J]. Review of Financial Studies, 25（11）: 3423-3455.

Nguyen N, Tran M N, Gunawan D, et al. 2019. A long short-term memory stochastic volatility model[R]. ArXiv Preprint ArXiv: 1906. 02884.

Ornelas J R H, Silva Júnior A F, Fernandes J L B. 2012. Yes, the choice of performance measure does matter for ranking of us mutual funds[J]. International Journal of Finance & Economics, 17（1）: 61-72.

O'Sullivan C, O'Sullivan S. 2016. Accelerated trinomial trees applied to American basket options and American options under the Bates model[J]. Social Science Electronic Publishing, 19（4）: 29-72.

Pan J. 2002. The jump-risk premia implicit in options: evidence from an integrated time-series study[J]. Journal of Financial Economics, 63（1）: 3-50.

Pan J, Poteshman A M. 2006. The information in option volume for future stock prices[J]. The Review of Financial Studies, 19（3）: 871-908.

Park H, Kim B, Shim H. 2019. A smiling bear in the equity options market and the cross-section of stock returns[J]. Journal of Futures Markets, 39（11）: 1360-1382.

Pasquale D C, Tarun R, Lucio S. 2016. Volatility risk premia and exchange rate predictability[J]. Journal of Financial Economics, 120（1）: 21-40.

Pástor Ľ, Sinha M, Swaminathan B. 2008. Estimating the intertemporal risk-return tradeoff using the implied cost of capital[J]. The Journal of Finance, 63（6）: 2859-2897.

Patton A J, Sheppard K. 2015. Good volatility, bad volatility: signed jumps and the persistence of volatility[J]. Review of Economics and Statistics, 97（3）: 683-697.

Pena I, Rubio G, Serna G. 1999. Why do we smile? On the determinants of the implied volatility function[J]. Journal of Banking & Finance, 23（8）: 1151-1179.

Penev S, Shevchenko P V, Wu W. 2019. The impact of model risk on dynamic portfolio selection under multi-period mean-standard-deviation criterion[J]. European Journal of Operational Research, 273 (2): 772-784.

Peters E E. 1989. Fractal structure in the capital markets[J]. Financial Analysts Journal, 45(4): 32-37.

Pézier J, White A. 2006. The relative merits of investable hedge fund indices and of funds of hedge funds in optimal passive portfolios[R]. Henley Business School, Reading University.

Phillips H E. 1993. Portfolio optimization algorithms, simplified criteria, and security selection: a contrast and evaluation[J]. Review of Quantitative Finance and Accounting, 3 (1): 91-97.

Pyo S, Lee J. 2018. Exploiting the low-risk anomaly using machine learning to enhance the Black-Litterman framework: evidence from South Korea[J]. Pacific-Basin Finance Journal, 51: 1-12.

Pyun S. 2019. Variance risk in aggregate stock returns and time-varying return predictability[J]. Journal of Financial Economics, 132 (1): 150-174.

Qian W, Kilgour D M, Hipel K W. 2011. Fuzzy real options for risky project evaluation using least squares Monte-Carlo simulation[J]. IEEE Systems Journal, 5 (3): 385-395.

Qiao F, Xu L, Zhang X, et al. 2019. Variance risk premiums in emerging markets: global integration and economic uncertainty[R]. SSRN Working Paper.

Rao P B L S. 2017. On some maximal and integral inequalities for sub-fractional Brownian motion[J]. Stochastic Analysis and Applications, 35 (2): 279-287.

Rapach D E, Ringgenberg M, Zhou G C, et al. 2016. Short interest and aggregate stock returns[J]. Journal of Financial Economics, 121 (1): 46-65.

Rehman Z, Vilkov G. 2012. Risk-neutral skewness: return predictability and its sources[R]. SSRN: https://papers.ssrn.com/sol3/papers.cfm?abstract_id=1301648.

Richardson M, Stock J H. 1989. Drawing inferences from statistics based on multiyear asset returns[J]. Journal of Financial Economics, 25 (2): 323-348.

Ritchken P. 1995. On pricing barrier options[J]. The Journal of Derivatives, 3 (1): 19-28.

Rockafellar R T, Uryasev S, Zabarankin M. 2006. Generalized deviations in risk analysis[J]. Finance and Stochastics, 10 (1): 51-74.

Rodrigues A, Rocha Armada M J. 2006. The valuation of real options with the least squares Monte Carlo simulation method[J]. Social Science Electronic Publishing, 6 (4): 24-43.

Ross S A. 2015. The recovery theorem[J]. The Journal of Finance, 70 (2): 615-648.

Roy A D. 1952. Safety first and the holding of assets[J]. Econometrica: Journal of the Econometric Society, 20 (3): 431-449.

Rubinstein M E. 1973. The fundamental theorem of parameter-preference security valuation[J]. Journal of Financial and Quantitative Analysis, 8 (1): 61-69.

Samimi O, Mardani Z, Sharafpour S, et al. 2017. LSM algorithm for pricing American option under Heston-Hull-White's stochastic volatility model[J]. Computational Economics, 50(2): 173-187.

Satchell S, Scowcroft A. 2000. A demystification of the Black-Litterman model: managing quantitative and traditional portfolio construction[J]. Journal of Asset Management, 1(2): 138-150.

Schmalensee R, Trippi R R. 1978. Common stock volatility expectations implied by option premia[J]. Journal of Finance, 33(1): 129-147.

Seyedhosseini S M, Esfahani M J, Ghaffari M. 2016. A novel hybrid algorithm based on a harmony search and artificial bee colony for solving a portfolio optimization problem using a mean-semi variance approach[J]. Journal of Central South University, 23(1): 181-188.

Sharpe W F. 1994. The Sharpe ratio[J]. Journal of Portfolio Management, 21(1): 49-58.

Simaan Y. 1997. Estimation risk in portfolio selection: the mean variance model versus the mean absolute deviation model[J]. Management Science, 43(10): 1437-1446.

Skaug C, Naess A. 2007. Fast and accurate pricing of discretely monitored barrier options by numerical path integration[J]. Computational Economics, 30(2): 143-151.

Song L, Wang W, Chun C. 2013. Solution of the fractional Black-Scholes option pricing model by finite difference method[J]. Abstract and Applied Analysis, 2013: 1-10.

Sortino F A, Price L N. 1994. Performance measurement in a downside risk framework[J]. The Journal of Investing, 3(3): 59-64.

Stein E M, Stein J C. 1991. Stock price distributions with stochastic volatility: an analytic approach[J]. The Review of Financial Studies, 4(4): 727-752.

Stentoft L. 2008. Option pricing using realized volatility[R]. CREATES Research Paper.

Stynes M, Gracia J L. 2015. A finite difference method for a two-point boundary value problem with a Caputo fractional derivative[J]. IMA Journal of Numerical Analysis, 35(2): 698-721.

Tompaidis S, Yang C. 2014. Pricing American-style options by Monte Carlo simulation: alternatives to ordinary least squares[J]. Journal of Computational Finance, 18(1): 121-143.

Tudor C. 2007. Some properties of the sub-fractional Brownian motion[J]. Stochastics-An International Journal of Probability & Stochastic Processes, 79(5): 431-448.

Vasicek O. 1977. An equilibrium characterization of the term structure[J]. Journal of Financial Economics, 5(2): 177-188.

Wang C S, Zhao Z. 2016. Conditional value-at-risk: semiparametric estimation and inference[J]. Journal of Econometrics, 195(1): 86-103.

Wang L H, Zhao X P, Wu J X, et al. 2017. Motor fault diagnosis based on short-time Fourier transform and convolutional neural network[J]. Chinese Journal of Mechanical Engineering, 30(6): 1357-1368.

Wang X T, Zhu E H, Tang M M, et al. 2010. Scaling and long-range dependence in option pricing Ⅱ: pricing European option with transaction costs under the mixed Brownian-fractional Brownian model[J]. Physica A: Statistical Mechanics and Its Applications, 389（3）: 445-451.

Welch I, Goyal A. 2008. A comprehensive look at the empirical performance of equity premium prediction[J]. The Review of Financial Studies, 21（4）: 1455-1508.

Xing Y, Zhang X, Zhao R. 2010. What does the individual option volatility smirk tell us about future equity returns? [J]. Journal of Financial and Quantitative Analysis, 45（3）: 641-662.

Xu F, Zhou S. 2019. Pricing of perpetual American put option with sub-mixed fractional Brownian motion[J]. Fractional Calculus and Applied Analysis, 22（4）: 1145-1154.

Yan W, Li S. 2009. Futures price modeling under exchange rate volatility and its multi-period semi-variance portfolio selection[J]. International Journal of Systems Science, 40（11）: 1139-1148.

Yan W, Miao R, Li S. 2007. Multi-period semi-variance portfolio selection: model and numerical solution[J]. Applied Mathematics and Computation, 194（1）: 128-134.

Yang N, Liu Y, Cui Z. 2017. Pricing continuously monitored barrier options under the SABR model: a closed-form approximation[J]. Journal of Management Science and Engineering, 2（2）: 116-131.

Young M R. 1998. A minimax portfolio selection rule with linear programming solution[J]. Management Science, 44（5）: 673-683.

Yu G, Liu Y, Thung K H, et al. 2017. Multi-task linear programming discriminant analysis for the identification of progressive MCI individuals[J]. PLoS One, 9（5）: e96458.

Yu M, Bian J, Xie H, et al. 2013. Study on the resampling technique for risk management in the international portfolio selection based on Chinese investors[J]. International Journal of Uncertainty, Fuzziness and Knowledge-Based Systems, 21（1）: 35-49.

Yu M, Inoue H, Takahashi S, et al. 2009. Dynamic portfolio selection with uncertainty[J]. International Journal of Uncertainty, Fuzziness and Knowledge-Based Systems, 17（2）: 237-250.

Yu M, Takahashi S, Inoue H, et al. 2006. Optimal portfolio with maximum absolute deviation in a frictional market[R]. Working Paper, MS 06-05, Tokyo University of Science.

Yu R, Yang W, Rahardja S. 2012. A statistical demand-price model with its application in optimal real-time price[J]. IEEE Transactions on Smart Grid, 3（4）: 1734-1742.

Yu X, Wang Z, Xiao W, et al. 2019. Is the nonlinear hedge of options more effective? —Evidence from the SSE 50 ETF options in China[J]. The North American Journal of Economics and Finance, 54: 100916.

Yue T, Gehricke S, Zhang J E, et al. 2019. How do Chinese option traders smirk on China: evidence from SSE 50 ETF options[R]. Working Paper.

Zakamulin V. 2006. Optimal hedging of option portfolios with transaction costs[J]. Social Science Electronic Publishing, 23（4）: 78-96.

Zanger D Z. 2018. Convergence of a least-squares Monte Carlo algorithm for American option pricing with dependent sample data[J]. Mathematical Finance, 28（1）: 447-479.

Zhang S M, Feng Y. 2019. American option pricing under the double Heston model based on asymptotic expansion[J]. Quantitative Finance, 19（2）: 211-226.

Zhao L, Huchzermeier A. 2017. Integrated operational and financial hedging with capacity reshoring[J]. European Journal of Operational Research, 260（2）: 557-570.

Zhao Y, Ziemba W T. 2007. Hedging errors with Leland's option model in the presence of transaction costs[J]. Finance Research Letters, 4（1）: 49-58.

Zheng Z, Jiang Z, Chen R. 2017. AVIX: an improved VIX based on stochastic interest rates and an adaptive screening mechanism[J]. Journal of Futures Markets, 37（4）: 374-410.

Zhou H. 2018. Variance risk premia, asset predictability puzzles, and macroeconomic uncertainty[J]. Annual Review of Financial Economics, 10（1）: 481-497.

Zhou X Y, Li D. 2000. Continuous-time mean-variance portfolio selection: a stochastic LQ framework[J]. Applied Mathematics and Optimization, 42（1）: 19-33.

Zhu S, Li D, Wang S. 2004. Risk control over bankruptcy in dynamic portfolio selection: a generalized mean-variance formulation[J]. IEEE Transactions on Automatic Control, 49（3）: 447-457.

后　　记

尽管在过去一段时间，以期权为代表的衍生品市场得到快速发展，但是总的来说中国的衍生品市场仍然发育缓慢。一方面是因为历史原因，如 327 国债期货事件，由于金融市场基础设施和投资者教育的问题，衍生品非但没有分散风险，反而成为风险外溢的源头。另一方面则是因为中国是传统的银行主导的金融体系。一个国家究竟是银行主导的金融体系，还是金融市场主导的金融体系，在很大程度上会影响这个国家衍生品的供给。

龚强等（2014）认为当一个国家的产业结构处于模仿阶段时（如纺织服装），那么银行主导的金融体系能够更好地克服信息不对称的风险，而当产业结构处于前沿的时候（如生物医药），那么需要金融市场融资来分散创新的风险。在当前经济面临转型的阶段，中国的产业结构正在经历从模仿到前沿的过程，同时金融市场和银行体系需要并肩前行。只有整个国家的金融体系逐步变成金融市场主导，市场基础设施和监管制度才能有序地建立，衍生品市场才能发挥更大的功能。

为了适应新时代的要求，监管层也在逐步推动期权市场的发展。2015 年 2 月，上证 50ETF 期权上市，其市场交易量非常活跃，期权市场满足投资者风险管理和对冲的需求。2019 年 12 月上海证券交易所又推出沪深 300ETF 期权，充分发挥期权的经济职能。在沪深 300ETF 期权上市之后，市场主体有了更多的对冲工具。上证 50 指数以金融地产为主，传统制造业几乎没包含进去，沪深 300 才是全市场的代表指数。沪深 300 有了对应的期权，基于期权的各种衍生指标，如 VIX 及本书研究的其他隐含信息，才更有代表意义。此外，投资者低成本投资沪深 300 指数有了更多的工具，如可以买入沪深 300，同时卖出远期看涨期权增强收益，或者利用期权合成多头（买入看涨期权，同时卖出同一行权价的看跌期权）。国内交易的期权不受分红的影响，参考上证 50ETF 期权的经验，期权合成的多头大概率会贴水。从保证金比例和升贴水两个方面来看，使用期权做多可能会比使用股指期货更有性价比。

最后，我们需要说明的是本书还存在一些不足，未来将进一步对相关问题展开研究。

第一，本书关注期权隐含信息的收益率预测能力，但缺少对收益率预测能力的理论框架。在国外的相关研究中，研究者基于一般均衡模型来推导 VRP 的收益率预测能力，然而我们的实证并不支持 VRP 的收益率预测能力。这表明我们需要新的模型来解释上述现象。总的来说，我们需要理论模型来解释收益率预测能力的来源。得益于中国市场的设定，我们需要在一般均衡模型的框架下引入更多的博弈主体，修改更多的假设，以解释当前市场的"异象"。

第二，由于上证 50ETF 期权于 2015 年 2 月才上市，数据区间较短，这也成为制约本书研究的最大约束条件。为了克服数据的限制，我们使用日频的数据研究期权隐含信息的预测能力。尽管这样选择提高了数据的可得性，但是日度数据包含较多的噪声，为避免数据取样存在的自相关问题，我们基于 Newey-West 回归进行标准误差的调整。

第三，A 股市场面临的制度和监管环境常常面临较大的变化，本书的部分结论可能随着数据的增加而有所变化，部分结论的稳健性将经受挑战。2015 年 8 月为了挽救股市的崩盘危机，国家队累计投入超过 3 万亿元进行救市，发挥着"平准基金"的角色。在市场企稳之后，这些资金又面临着退出的压力。因此市场自发的出清行为会受到国家队买卖行为的影响，从而期权隐含信息的预测能力也会受此影响。在接下来的研究中，我们需要更多的经验证据来佐证上述判断，如高频的期权交易数据等。

第四，由于 A 股仅有上证 50ETF 期权和沪深 300ETF 期权，且沪深 300ETF 期权于 2019 年 12 月刚刚上市，样本区间更短，我们没办法利用单个股票的期权隐含信息进行横截面分析，而仅以总体期权隐含信息的载荷作为分组依据，进行横截面研究。由于上证 50ETF 期权隐含信息仅反映上证 50 指数，指数成分股对整个市场的代表性不足，选取沪深 300ETF 期权提取隐含信息才能反映市场的全貌。来自美国的相关研究表明，在横截面上，个股期权的隐含信息包括 VRP、偏度等，仍然具有较好的预测效果。随着中国衍生品市场供给的持续推进，数据的可获得性也进一步加强，横截面分析和时序分析可以相互佐证。

第五，在本书的研究中，我们通过构造 Delta 对冲组合佐证 VRP 的符号。在构造期权投资组合的过程中，期权的流动性发挥着至关重要的作用。在上证 50ETF 期权交易的早期，期权合约的流动性不足，使得我们计算的结果失真，没办法准确度量期望的结果。在未来的研究中，我们将进一步关注构造期权组合得到的隐含信息，如构造对冲的 straddle 组合来区分波动率风险和跳跃风险。

收益率预测是实证资产定价的核心问题。相较于传统的计量方法，新兴的机器学习更擅长解决预测问题。在未来的研究中我们可以引入机器学习的方法，通过提取期权市场更多的特征来预测未来的收益和方差，进而也能更有效地改善投资组合的表现。